农村土地管理制度优化研究

——以城镇化与农民市民化的协同发展为视角

郑兴明◎著

人民出版社

本书受教育部人文社会科学研究规划基金项目“城镇化与农民市民化协同发展下农村土地管理制度优化研究”（13YJAZH140）资助

前 言

又有一部关于农村土地制度问题的研究专著面世了。虽然在理论上还存在着一些问题需要深化研究,但两年来的辛劳付出终于有了成果,我心中难免一阵窃喜。我最早关注农村土地问题,是在我攻读博士学位期间。由于感受到解决农村土地问题的复杂性与艰巨性,以及推动农地制度变迁对中国经济社会可持续发展的重要性与紧迫性,我毅然将农村土地问题作为博士论文的研究选题,以城镇化为研究背景,对农业转移人口土地承包经营权退出机制进行探讨。此后,经过多年的持续关注与研究,使我对中国农村土地制度问题有了更深入的了解。2013 年,我获得了教育部人文社会科学规划基金项目立项,为深化研究提供了新动力和资金支持。我也充分利用该项目平台,契合时代发展脉搏,深入农村基层调研,掌握了课题研究的第一手资料,对城镇化与农民市民化协同发展下农村土地管理制度问题进行理论分析与实证研究。

之所以将城镇化与农民市民化协同发展作为课题研究的切入点,完全是基于如下考虑:尽管中国农村劳动力转移切合了经典的人口流动模型所揭示的规律性,但是低质量的城镇化也带来了严重的经济与社会问题。提高城镇化质量,发挥城镇化对国民经济发展的引擎作用,已成为当前政界、学术界普遍关注的热点问题。

城镇化是现代文明社会的基本标志,也是人类社会发展的必然趋势。中国的城镇化始于改革开放后,经过三十多的工业化驱动,我国城镇化建设已取得长足发展,截至 2014 年,城镇化率已达到 54.77%,已经逐步接近中等收入国家的平均水平。目前我国城镇化正处于快速发展的阶段,农村人口向城镇转移的步伐将不断加快。但是应该看到,我国城镇化质量不高,“伪城镇化”或“半城镇化”现象特别突出,农村人口向城镇人口转化的过程中呈现出不完整的路径,绝大多数农业转移人口只完成了农民向农民工转变,而农民工市民化进程却障碍重重。农民工市民化滞后严重制约我国经济和社会的可持续发展,不仅影响了农村社会现代化转型和城乡一体化发展,也导致了土地资源配置效率的下降,危及我国的粮食安全和农业现代化进程。

土地制度瓶颈是城镇化质量不高的根本诱因。改革开放以来,中国农村土地制度的变迁极大地解放了农村生产力,发挥了巨大的制度效应。然而,回顾农村土地制度改革的历史进程,始终未能突破城乡二元土地制度的构架。随着农村社会流动和农民职业分化不断加剧,农村土地制度运行的宏观背景已悄然发生变化,而以农民与土地之间依附关系为基本特征的城乡二元土地制度在土地资源配置和农业发展过程中始终起着主导作用。由于农民与土地之间有着割不断的“脐带”关系,导致了农民在社会流动中选择永久地退出农村和农地的比率极低,“离土不离乡”或“离乡不离土”始终成为广大农村地区农民人口流动的最主要形式,而真正实现“离乡又离土”的农民市民化尚属于少数。“离土不离乡”是改革开放之初农民就地进入乡镇企业,由从事农业生产转入从事工业生产或进入服务业,个人及其家庭仍然居住在乡村的一种社会流动模式;“离乡不离土”是农民到大城市或沿海地区从事第二、三产业生产,但由于土地制度和户籍制度的禁锢,仍然保留农村户口与土地承包权的一种社会流动模式。尽管“离土不离乡”和“离乡不离土”有其历史的合理性,释放了农村劳动生产力,赋予农民择业的自由,以及带动了乡镇企业的异军突起,但是随着经济与社会发展,其负面影响开始显现出来:一方面,农民与土地的依附关系阻碍了农民工向城市市民的身份转换;另一方面,土地低效率配置及农村空心化现象延缓了农业与农村现代化转型的历史进程。

由此可见,随着宏观经济与社会背景的演变,土地制度变迁的外部效益正在衰减,制度变迁的“内卷化”现象愈发明显。“有增长无发展”的制度变迁“内卷化”提示了中国农村土地制度改革进一步深化的客观必然性。党的十八大报告明确提出要“有序推进农业转移人口市民化”,这是新时期新形势下促进我国经济社会协调发展、科学发展的必然选择,也是提高城镇化质量的关键环节。而以农民工市民化为核心的城镇化又是实现农地规模化经营与农业现代化的必要前提。基于现实观察与文献整理,我们认为,现有农村土地管理制度制约了农民市民化和农业现代化的发展,土地制度改革应该是提高城镇化质量的重中之重。因此,要在尊重农民意愿和土地权益的前提下,通过农地管理制度的改革与优化,促进农业转移人口顺利地退出农村与农业,从而实现城镇化、农民市民化与农业现代化的同步演进。

鉴于选题具有重要的学术价值和现实意义,本书将在通过实地调查和研习国内外相关研究文献的基础上,在宏观、微观两个层面来研究现有农地管理制度对农民市民化进程的影响,利用经济计量模型对农业转移人口农地处置意愿的相关影响因素进行实证分析,深入理解农民在城乡迁移过程中农地处置方式的行为逻辑以及对农地制度改革的认知与态度,在此基础上,尝试探索我国农村土地管理制度优化的路径,以期为推进农民市民化发展提供可资借鉴的参考。

本书稿之所以能够顺利完成并提交,还得到了福建省社会科学研究基地马克思主义中国化研究中心的大力支持。当然由于笔者的学术水平所限,本书中有些观点难免有失偏颇,有些论证还不够充分,在此,我衷心希望各位专家学者能给予批评指正。

郑兴明

2015 年 9 月

目　录

第一章 导 论

第一节 选题背景与意义

人才、改革与城镇化是支撑中国未来经济发展的三大红利，而城镇化是其中最红的红利。[①] 2013 年的中央经济工作会议明确指出："城镇化是我国现代化建设的历史任务，也是扩大内需的最大潜力所在，要围绕提高城镇化质量，因势利导、趋利避害，积极引导城镇化健康发展。"党的十八届三中全会进一步提出促进城镇化健康发展的政策思路："坚持走中国特色新型城镇化道路，推进以人为核心的城镇化，推动大中小城市和小城镇协调发展、产业和城镇融合发展，促进城镇化和新农村建设协调推进。"可见，中央高层对我国城镇化发展作出了重大的战略部署。推进城镇化建设已经成为我国转变经济发展方式，推动国民经济持续健康发展的重大战略举措。

总体而言，中国的城镇化进程正处于诺瑟姆 S 形曲线的中期阶段。在此阶段，农村劳动力转移进程将不断加快。从发展的轨迹来看，我国农村劳动力的城乡迁移模式与刘易斯模型（A. W. Lewis，1954）以及推拉理论（E. S. Lee，1966）所揭示的劳动力转移规律基本上是相一致的。但是，大多数的农村劳动力城乡迁移只完成了农民向农民工转变，而"农民工向市民的转变仍步履维艰，障碍重重"[②]。农民市民化严重滞后于城镇化发展已经是一个不争的事实，由此也带来了双向的困局：一方面，农村人口空心化导致的农地抛荒、

① 倪鹏飞：《新三大红利支撑未来中国经济》，《经济参考报》2012 年 12 月 3 日。

② 刘传江、徐建玲：《中国农民工市民化进程研究》，人民出版社 2008 年版，第 17 页。

闲置浪费现象日益凸显;而在另一方面,进城务工农民难以融入城镇,在城镇社会长期维持一种边缘化状态,"伪城镇化"或"半城镇化"[①]现象日益成为学术界和政界关注的焦点。问题的症结所在:现有的农村土地制度强化了具有"中国特色"的城镇化路径,使得农村城镇化与农民市民化渐行渐远。

土地制度的束缚,使农民无法真正地从农村及农业领域退出。许多学者对此问题已做过深入的探讨。吴庆全认为我国现行农村土地制度不仅巩固了"农民工"依土恋乡的情结,而且也强化了"农民工"把土地作为进城务工经商失败的"留退路"思想,不利于农民工毅然决然地转化为市民。[②]王小章指出,农村土地制度使农民不能真正自由地处置"自己的财产",因而不能使这些财产按照自己的意志有效地进入市场。[③]樊纲认为,现有的土地制度安排将工业化和城镇化的劳动力储备留在农村,使农民工无法真正融入城镇,这是中国城镇化不稳定的主要原因。[④]马晓河认为,现行土地制度的传统城乡二元体制的惯性力对农民工市民化具有强大制约作用,"永久不变"的土地新政,对于一心向往城市生活的新生代农民工来说,已没有实际意义。[⑤]显然在现阶段破解土地制度的束缚,深化农村土地制度改革,是推动城镇化与农民市民化的协同发展必要前提。

国内学术界一直对农村土地管理问题予以高度关注,进行了大量的理论与实证研究,积累了丰厚的文献资料。然而,尽管研究成果汗牛充栋,既有研究也涉及城镇化进程中农村土地的诸多问题,但是针对农民市民化背景下农村土地管理制度优化或创新的研究成果相对匮乏。近一段时期以

---

① 我国学术界提出的"伪城镇化"或"半城镇化"的概念,是指农村人口向城市人口转化过程中的一种不完整状态,主要表现为:农民已经离开乡村到城市就业与生活,但他们在劳动报酬、子女教育、社会保障、住房等许多方面并不能与城市居民享有同等待遇,在城市没有选举权和被选举权等政治权利,不能真正融入城市社会。

② 参见吴庆全:《我国当前农村土地制度对农民市民化的阻碍》,《苏州大学中国特色城镇化研究中心电子期刊》2009年12月31日。

③ 王小章:《从"生存"到"承认":公民权视野下的农民工问题》,《社会学研究》2009年第1期。

④ 樊纲:《"十二五"规划与城市化大趋势》,《开放导报》2010年第6期。

⑤ 韩俊、马晓河、李兵弟:《城镇化难题:农民如何变市民》,《光明日报》2010年10月17日。

来，一些学者开始对相关课题进行初步探讨，如吕天强提出要建立农地承包权退出补偿机制来促进农民市民化的建议。[①] 曾祥炎等提出通过“土地换保障”可以加速农民工市民化的观点。[②] 付文亮等对农民市民化进程中土地流转的体制性障碍进行具体探讨，提出了土地征购制度、补偿制度、资本化经营等制度创新。[③] 黄锟认为促进新生代农民工市民化，农地制度改革必须按照有利于明确和保护土地物权的思路，建立以承包权为核心的农地产权制度、农地流转制度和基于土地物权的农地征用制度。[④] 汪阳红提出通过稳步推进农民工承包地和宅基地的流转、城镇建设用地增加与吸纳农民工数量相结合以及支持吸纳农民工较多地区开展土地利用的创新试验等措施来解决农民工市民化过程中的土地问题。[⑤] 周晓唯采用博弈的分析方法，证明农地流转能够降低农民转变为市民的经济门槛和社会门槛，在此基础上提出了完善土地流转，推动农民市民化的政策建议。[⑥] 钟德友提出要引导和鼓励农民工采取多种形式流转承包地使用权，并建立农民工自愿退出农村土地的配套政策等制度创新破解农民工市民化障碍。[⑦] 姚婷等通过总结广东农村集体建设用地流转立法的经验，提出了保护农民的土地权益、完善农民的土地产权结构以及完善农村集体建设用地使用权流转等政策措施来推动农民工市民化进程。[⑧] 傅晨等以农民分化为分析框架，提出在

---

① 吕天强：《建立农村土地退出机制促使务工农民市民化》，《南阳师范学院学报》2004 年第 10 期。

② 曾祥炎、王学先、唐长久：《“土地换保障”与农民工市民化》，《晋阳学刊》2005 年第 6 期。

③ 付文亮、胡磊、周茜：《农民市民化过程中土地制度的创新研究》，《重庆工学院学报》（社会科学版）2007 年第 10 期。

④ 黄锟：《农村土地制度对新生代农民工市民化的影响与制度创新》，《农业现代化研究》2011 年第 2 期。

⑤ 汪阳红：《“十二五”时期农民工市民化进程中的土地问题研究》，《经济研究参考》2011 年第 34 期。

⑥ 周晓唯：《土地流转对农民市民化促进作用的研究》，《首都经济贸易大学学报》2011 年第 2 期。

⑦ 钟德友、陈银容：《破解农民工市民化障碍的制度创新——以重庆为例证的分析》，《农村经济》2012 年第 1 期。

⑧ 姚婷、傅晨：《农村土地制度改革与农民工市民化——兼论广东农村集体建设用地流转立法的积极意义》，《广东农业科学》2013 年第 8 期。

市民化背景下,农村土地制度创新的依据是分化农民的土地产权诉求变化。①

综观已有研究,学术界对农民市民化背景下农村土地制度创新做了初步的研究,也提出了不少很有创见的观点,为后续研究奠定了基础,但还没有形成一种最优的有利于农民市民化的农地制度改革路径共识,而且尚存不足之处:已有研究多从政府主导的角度来探讨农地管理制度的改革与创新,忽视了对农民作为利益相关者参与土地管理决策的可行性研究;已有研究倾向于从宏观层面来研究,对城镇化主体即农民的微观层面分析较少。事实证明,现代农业的构建与城镇化的发展,离不开农民这个主体,任何的政策构建与制度创新必须以尊重农民权益和意愿为前提,否则制度变迁将付出巨大的社会成本。

城镇化是扩大内需,转变经济发展方式的重要途径,也是解决我国“三农”问题的根本出路。党的十八大报告要求,到 2020 年“城镇化质量明显提高”,并强调要“有序推进农业转移人口市民化”,这是新时期新形势下促进我国经济社会协调发展、科学发展的必然选择。提高城镇化质量的关键环节是有序推进农业转移人口市民化,实现农民工向市民的转变。基于现实观察与文献整理,我们认为,现有农村土地制度阻滞了农民市民化进程,也不利于农业现代化的发展。优化农村土地制度是推进农民市民化与农业现代化发展绕不开的课题。因此,在充分尊重农民意愿和土地权益的前提下,通过土地制度的改革与创新,促进农民工顺利地退出农村与农业,这是实现农民市民化与城镇化协同发展的客观需要,也是本书研究的理论意义所在。

第二节　研究目标与研究内容

一、研究目标

鉴于国内基于农民市民化视角的农地管理问题研究相对匮乏,尤其缺乏比较系统的理论和实证分析,本书在通过实地调查和研习国内外相关研究

---

① 傅晨、任辉:《农业转移人口市民化背景下农村土地制度创新的机理:一个分析框架》,《经济学家》2014 年第 3 期。

文献的基础上，在宏观、微观两个层面来研究现有农地管理制度对农民市民化进程的影响，利用经济计量模型对进城务工农民农地处置意愿的相关影响因素进行实证分析，深入理解农民在城乡迁移过程中农地处置方式的行为逻辑以及对农地制度改革的认知与态度，在此基础上，尝试探索我国农村土地管理制度优化的路径，以期为推进农民市民化发展提供可资借鉴的参考。

二、研究内容

本书研究的主要内容有以下几个方面：

（一）城镇化、农民市民化进程中农村土地问题分析

介绍现阶段城镇化与农民市民化进程中土地利用的主要特征，分析存在的农地问题及其产生的原因；剖析农村人口迁移过程中农地保护和农民土地权益保护面临的矛盾与困境；阐释城镇化与农民市民化协同发展下农村土地问题解决的目标与思路。

（二）中国农村土地制度的理论渊源及其演变的历史进程

主要论述中共历代中央领导集体对马克思主义土地思想的丰富与发展：以毛泽东为首的第一代中央领导集体对马克思主义土地思想中国化的理论探索、以邓小平为核心的第二代中央领导集体对马克思主义土地思想的进一步发展，以及十三届四中全会以来的历代中央领导集体对马克思主义土地思想的新发展；根据不同时期土地理论的发展路径，揭示出中国农村土地制度的理论渊源及其演变的历史进程。

（三）农村土地管理制度优化的理论与现实基础

对当前中国农地管理制度框架及其存在问题进行分析；回顾国内各地城镇化进程中农地制度改革实践，总结经验与教训，为农民市民化背景下优化农地管理制度提供借鉴；基于城镇化与农民市民化协同发展的视野，阐述农地管理的制度优化功能及目标，提出我国农地管理制度优化的总体思路。

（四）农业转移人口土地处置意愿及对农地制度认知的实证分析

本部分微观调查研究分为两大部分：其一，以福建省福州、厦门、泉州三地市进城务工农民为具体观察对象，通过大量的问卷调查和访谈，了解农

民工城市融合现状、农地资源处置现状、处置意愿及农地改革意愿；对样本进行描述性统计，运用 Logistic 回归模型，实证分析市民化条件下农民工处置农地意愿的相关影响因素；测量农民工家庭资源禀赋、城市融合现状与农地处置意愿的相关性；分析现行农地管理制度对农民工市民化意愿、农地处置意愿的影响，以及农民工对农地管理制度的认知状况和改革意愿。其二，以福州大学城为调查样本地区，对在榕城的农村生源大学生进行问卷调查，了解农村大学生农地利用状态、非农化过程中农地处置意愿，然后利用 Multivariate Probit 模型对大学生不同的农地处置意愿的相关影响因素进行实证分析。

（五）农民市民化进程中农地管理参与主体的行为分析

通过对土地利益相关者的行为研究，揭示当前政府、农民在制度变迁中所扮演的角色与影响关联，他们之间的行为博弈；基于新制度经济学视角，分析农民市民化进程中各级政府的农地管理决策行为及角色定位；探讨农民参与决策对增加政府决策理性、降低制度变迁成本的现实意义，以及农民参与土地管理决策的可能途径。

（六）农民市民化背景下农地制度变迁的国际经验

以比较视野，借鉴世界其他国家在农民市民化背景下农地制度变迁的历史经验。通过文献资料查阅，了解发达国家和新兴工业化国家在城镇化进程中农村人口迁移、农地制度变迁问题，分析这些国家农地制度变迁对农民市民化的影响；结合我国实际，探讨国外农地制度变迁对我国农地管理制度优化的启示。

（七）农村土地管理制度优化的框架设计与具体措施

以坚持农村基本经营制度为前提，以促进农民市民化发展为目标，结合国内外农地制度改革实践的经验教训与重要启示，提出优化农地管理制度的基本框架；基于农民土地意愿及市民化意愿，从实践的角度提出制度优化的政策路径：通过拓宽农民参与决策渠道建构农民参与土地管理决策的新型土地管理模式，保障农民利益表达权、话语权；从尊重农民意愿出发，通过采取差异化的政策措施，激励与引导农业转移人口有序退出农村与农地经营；通过建设有效运转的农村土地市场、创新农地金融及农地资本化等措施加速农村土地要素的合理流动。

第三节　研究方法与技术路线

一、研究方法

（一）文献综述法

通过大量的文献资料检索，对城镇化、农民市民化及农地管理制度问题进行分析和总结，以明确本书研究的基本思路。

（二）比较研究法

分析国内外农地制度改革实践的经验及启示，对不同国家农地制度变迁对城镇化和农民市民化发展的影响进行比较。

（三）问卷调查法

通过问卷调查，了解农民土地处置方式、处置意愿及市民化意愿，收集相关数据为后面的计量分析提供数据支撑。

（四）计量分析法

在整理相关数据的基础上运用微观经济计量方法，如运用 Logistic 回归模型对农民农地处置意愿进行实证分析；利用 Multivariate Probit Model 来估计农村大学生农地处置意愿的影响因素及其作用方向。

（五）案例研究法

对农业转移人口土地处置方式及处置意愿的一些典型案例进行分析研究，进一步从微观主体的角度揭示了“二元”的农村土地产权制度对农民市民化的阻碍作用。

二、研究思路及技术路线

首先，在综述国内外最新研究成果的基础上，形成论文选题、研究框架及技术路线；其次，在总结国内农地制度改革实践经验教训的基础上，剖析我国农民市民化进程中面临的农地制度问题，提出农地管理制度优化的目标与思路；再次，运用计量经济分析方法，对农业转移人口土地处置意愿影响因素进行实证分析，并研究现行农地管理制度对农业转移人口土地处置意愿的影响；最后，利用新制度经济学视角分析政府、农民在农地管理决策中角色定位，在此基础上结合国际经验和国内实际，提出优化农地管理制度的基本框架以及具体的政策措施。

基于本书的研究内容，本书遵循的技术路线见图 1-1。

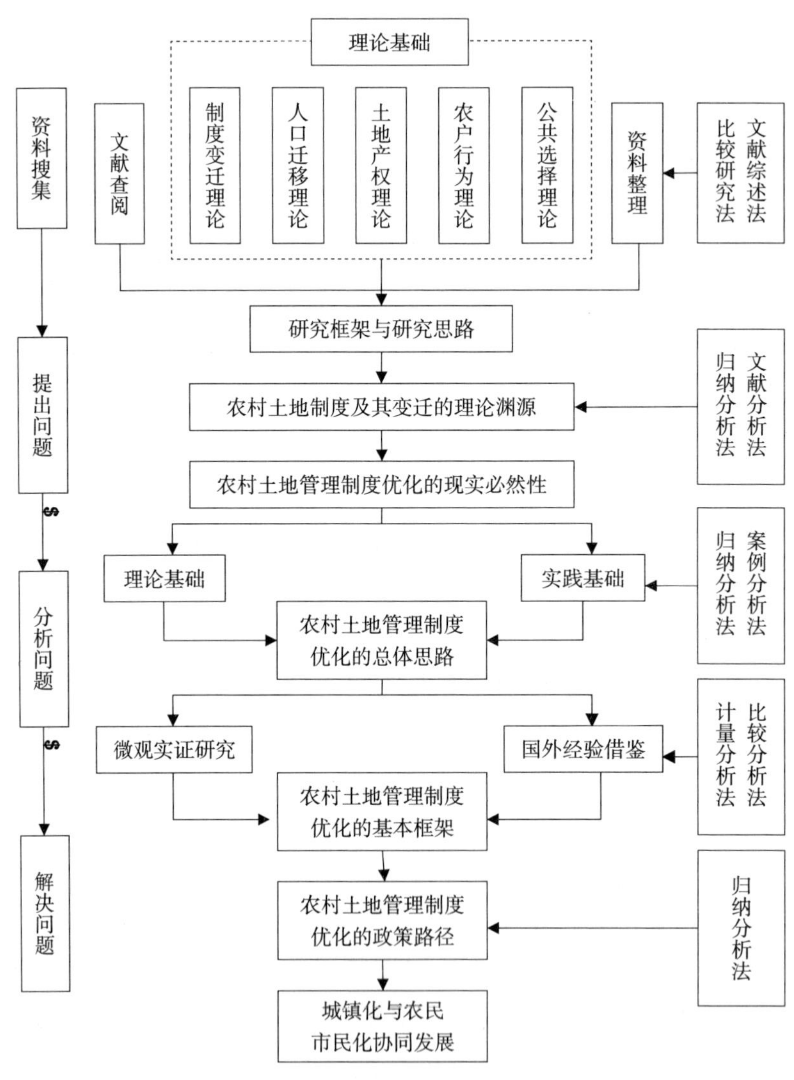

图 1-1　本书研究的技术路线图

第四节　重点难点及创新之处

一、研究重点

通过实际调查与资料查阅，分析进城务工农民土地处置方式及处置意愿；对样本进行描述性统计，运用经济计量方法分析农民工土地处置意愿的影响因素；测量农民工家庭资源禀赋、城市融合现状与农地处置意愿的相关性；分析现行农地管理制度对农民工市民化意愿、农地处置意愿的影响；在理论分析与实证研究的基础上，提出农地管理制度优化基本框架，探究制度优化的路径选择。

二、拟突破的难点

本书涉及城镇化、农业经济、土地产权、行为决策以及制度变迁等宏、微观复杂问题，决定了本项目研究内容同时也是经济学、管理学、心理学、法学等学科的研究对象。因此，本书必须综合集成各学科的方法进行探讨和研究；再则，需要对样本地区进行实地调研，在整理相关数据的基础上运用微观经济计量方法，对农民工农地处置意愿的影响因素、农民工农地意愿与市民化意愿的相关性等进行实证分析；以新制度经济学为视角，对农民市民化进程中政府管理土地决策行为进行分析。

三、创新之处

（一）与已有文献不同，本研究强调了农民主体地位

现代农业的构建与城镇化的发展，离不开农民这个主体。本书将以尊重农民的权益和意愿为切入点，考察在城镇化快速发展的背景下，进城务工就业农民的土地处置意愿、市民化意愿以及农地管理制度的改革意愿。

（二）利用数量模型对农业转移人口农地处置意愿进行微观实证分析

利用数量模型实证分析农业转移人口农地处置意愿的影响因素，

分析现有农地管理制度对农业转移人口农地处置意愿和市民化意愿的影响机理,深入研究农民作为利益相关者参与农地管理决策的可行性及可能途径。

（三）从城乡协调发展的维度来研究农地管理制度的优化路径

本书认为农地管理制度优化的目标应该是有利于推进农业转移人口市民化,同时有利于实现农地集约化、规模化经营,为农业现代化奠定基础。

第二章　理论框架、制度优化目标及政策取向

第一节　相关概念的界定

一、城镇化、农民市民化

对相关概念的界定与厘清有助于我们更加明确课题研究的对象和目的。城镇化与农民市民化是本书研究的逻辑起点，所以我们有必要先探讨它们的内涵与性质。

城镇化，又称城市化（urbanization），这一概念最早起源于1867年西班牙工程师A. Serda的著作《城镇化基本理论》，被用来描述乡村向城市演变的过程，后被学术界绝大多数的学者们所普遍接受。但是迄今为止，学术界对urbanization概念尚未进行统一界定。不同的学科依据各自的角度而有不同的诠释，不同的学者分别依据各自的研究视野而有不同的理解。经济学家埃尔德里奇（H. Eldridge）认为："人口的集中过程就是城市化的全部含义"，克拉克（C. G. Clark）则将城市化视为"第一产业人口不断减少，第二、三产业人口不断增加的过程"，这不仅反映了在城市化过程中，人口在产业结构中的变化，还同时说明了农业经济向非农业经济结构的变化；沃思从另一个角度进行了陈述，他说："城市化是指从农村生活方式向城市生活方式发生质变的过程。"而诺贝尔经济学奖得主西蒙·库兹涅茨在《现代经济增长》一书中指出："城市和乡村之间的人口分布方式的变化，

即城市化的过程。”维基百科给出定义:“城镇化,又称城市化,是指伴随着工业化进程的推进和社会经济的发展,人类社会活动中农业活动的比重下降,非农业活动的比重上升的过程。”

尽管尚未形成权威的概念,但学者们已经达成比较一致的看法,即urbanization 的主要表现就是乡村人口向城市人口转化以及城镇不断发展的历史进程。目前,在我国学术界中尚存在“城市化”与“城镇化”之争。有些学者主张使用“城镇化”,他们认为英文词 urbanization 中的 urban 是 rural（农村）的反义词,人类种种聚落类型除乡村居民点外,就是城镇居民点,城镇居民点应包括不同规模尺度的城市（city）和镇（town）,因此 urbanization 译为“城镇化”更为准确。[①] 再则,由于大城市发展面临交通拥挤、环境恶化等问题,为了控制大城市化的发展,积极推进小城镇建设,因此为了强调小城镇的重要性,我们应该把 urbanization 译为“城镇化”;但是,另外一些学者则指出,乡村城镇化是城市化的内容之一,是城市化的一个重要组成部分, urban 本身包括城市（city）和城镇（town）。城市化的城市并不是单指建制市,而泛指乡村以外的一切城市型聚落。城市化理应包括城镇化在内,所以使用“城市化”更合理。[②]

本书统一使用“城镇化”概念,并认为,城镇化就是指农村人口不断减少,非农业人口在不断增加的动态过程。在这个过程中,农村人口不断向城镇转移,第二、三产业不断向城镇聚集,从而使城镇数量增加,城镇规模扩大。反映城镇化水平高低的一个重要指标为城镇化率,即一个地区常住于城镇的人口占该地区总人口的比例。一般城镇化率数值越高,代表该地区的城镇化水平越高。目前,我国各类统计年鉴公布的城镇化率,是以地区常住人口来计算,常住人口是指经常居住在某一地区的人口,是在普查区内经常居住的人数。它包括常住该地而临时外出的人口,不包括临时寄住的人口。[③] 由于农业转移人口市民化进程缓慢,农民工就业流动性频

① 郦松校:《城市经济学教程》,中国建筑工业出版社 1991 年版,第 36 页。

② 参见笔者:《中国城镇化进程中农民退出机制研究》,人民出版社 2012 年版,第 33—34 页。

③ 通常是指实际经常居住在某地区一定时间（半年以上,含半年）的人口。

繁，使得我国城镇化处于质量不高，人口城镇化不彻底的困境。[①]

农民市民化与城镇化是既相互区别又相互联系的概念。城镇化是农民市民化的载体，而农民市民化是城镇化的核心内容。由于中国国情的特殊性，城镇化滞后于工业化，而农民市民化又滞后于城镇化进程。所谓的农民市民化，是指借助于工业化和城市化的推动，使现有的传统农民在身份、地位、价值观、社会权利以及生产生活方式等各方面全面向城市市民的转化，以实现城市文明的社会变迁过程。在本书中，农民市民化包含两项基本内容：一是农民离开土地和农业生产，由农村向城镇转移并在城镇非农就业；二是农民进入城镇后，其身份、地位、价值观念、工作方式、生活方式、行为方式和交际方式，以及就业、住房、社会保障等方面向城市居民转换，并能在城镇定居、沉淀下来。[②]

二、农村土地管理制度

首先，让我们先了解“土地制度”的含义。根据百度百科，土地制度是指：“包括一切土地问题的制度，是人们在一定社会经济条件下，因土地的归属和利用问题而产生的所有土地关系的总称。”土地制度的概念有狭义与广义之分，狭义的土地制度仅仅指土地的所有制度、土地的使用制度和土地的国家管理制度；而广义的土地制度包括土地所有制度、土地使用制度、土地规划制度、土地保护制度、土地征用制度、土地税收制度和土地管理制度等。由此可见，农村土地管理制度与农村土地制度是既有区别又相互联系的概念，前者是后者的重要组成部分，而后者是所有涉及农村土地问题的行为准则和法规依据。从现有政策法规来看，我国农村土地管理制度的主要内容应该包括：①健全最严格的耕地保护制度和最严格的节约用地制度；②强化农民土地承包经营权，健全土地承包经营权流转市场；

① 如 2012 年，我国城镇化率为 52.6%，但非农业户籍人口仅占总人口的 35.3%，两者相差近 17 个百分点。数以亿计的农民工虽然居住在城镇并被统计为城镇人口，但他们尚未真正融入城镇社会。

② 参见笔者：《中国城镇化进程中农民退出机制研究》，人民出版社 2012 年版，第 34 页。

③改革征地制度，完善征地补偿机制；④改革农村集体建设用地使用制度；⑤完善农村宅基地制度等。

农村土地管理制度是农村经济的基础。农村土地管理制度是否科学、合理，是农业与农村经济能否健康发展的关键变量。随着城镇化快速发展和农村劳动力转移速度加快，现行农村土地管理制度的内在弊端暴露无遗，严重制约了农业和农村经济的可持续发展。2008 年 10 月召开的党的十七届三中全会通过了《中共中央关于推进农村改革发展若干重大问题的决定》，明确提出："按照产权明晰、用途管制、节约集约、严格管理的原则，进一步完善农村土地管理制度。"这为此后推进农村土地制度改革指明了方向。2014 年 4 月，国务院批转国家发展和改革委员会《关于 2014 年深化经济体制改革重点任务的意见》，提出农村土地制度改革试点要按照"集体所有权不能变、耕地红线不能动、农业利益不能损"的原则慎重稳妥地推进。可以看出，以习近平为总书记的新一届中央领导集体将在稳定和完善农村基本经营制度的前提下，以切实保护耕地和保障农民土地权益为目标，加快农村土地管理制度的优化与创新，为农业现代化创造条件。

三、制度优化

根据新制度主义理论，制度变迁过程中由于受到不同变量的作用，其路径选择会体现出多样性特征。一般而言，制度变迁可能出现两种情况：一是沿着既有路径，制度变迁可能进入良性循环轨道并不断优化；二是沿着既有路径，制度变迁可能进入恶性循环的轨道，使无绩效的制度得以长期维持。[①]

显然，制度优化属于制度变迁的范畴，它是制度变迁进入良性循环轨道的发展阶段。更明确地，制度优化是指通过考察与分析某项管理制度存在的缺陷和薄弱环节，采取有针对性的制度建设、制度创新，不断优化和完善现行管理制度，以提升和强化该管理制度的执行绩效。这是一个动态的

① 郭忠华：《新制度主义关于制度变迁研究的三大范式》，《天津社会科学》2003 年第 4 期。

实现过程，在这个过程中，涉及制度优化的主体、制度优化的动因、制度优化的实施以及制度优化的效果等问题。

本书所界定的“农村土地管理制度优化”，就是通过对现有农村土地管理制度的内在缺陷及其生成动因进行系统的理论与实证分析，提出优化与完善农村土地管理制度的政策路径，以期促进农村土地要素的合理流动，有效破解农民与土地之间的双向依附关系，从而加快农业转移人口市民化进程，最终实现城镇化与农民市民化协同发展的战略目标。

第二节　课题研究的理论基础

一、制度变迁理论

所谓的制度变迁（institutional change），就是制度的替代、转换与交易的过程。[①] 制度变迁理论是新制度经济学的一个重要内容。从发展逻辑脉络来看，制度变迁理论大体经历了三个历史时期：以托斯丹·邦德·凡勃伦（Thorstein. B. Veblen）为创始人的开创性历史时期，制度的概念得以创立并用“累积因果论”来解释制度的变迁。第二个时期是以约·莫·克拉克（John Bates Clark）为代表对制度变迁理论继承和发展的时期，涉及对资本主义企业的分析，制度与技术相互作用等问题。第三个历史时期是以约翰·肯尼思·加尔布雷斯（John Kenneth Galbraith）为代表的新制度经济学和以罗纳德·哈里·科斯（Ronald Harry Coase）、道格拉斯·C. 诺斯（Douglass C. North）等人为代表的新制度学派蓬勃发展时期，研究成果卓著。[②]

20 世纪 70 年代前后，受到长期经济史研究的巨大推动，把制度变迁或制度创新作为重要动力源旨在解释经济增长的研究引起全世界学术界的广泛关注。对此研究影响最大的，是经济史学家诺斯（Douglass C. North）。

---

① 卢现祥：《西方新制度经济学》，中国发展出版社 2003 年版，第 23 页。

② 蒋雅文：《论制度变迁理论的变迁》，《经济评论》2003 年第 4 期。

他在经济史研究中重新发现了制度因素的重要作用。关于制度，他给出了精辟的论述:“制度是一系列被制定出来的规则、守法程序和行为的道德伦理规范。”他从主流的新古典经济理论出发，引入制度这一重要变量来解释经济增长的内生动力，由此获得巨大的学术成就使其在经济学界声誉鹊起，成为新制度学派的代表人物之一，并因此获得了1993年度诺贝尔经济学奖。

诺斯强调，制度具有决定性的作用，“制度提供了人类相互影响的框架，它们建立了构成一个社会，或更确切地说一种经济秩序的合作与竞争关系”①。虽然技术革新可以为经济增长注入活力，但如果没有制度创新和制度变迁，人类社会经济增长和社会发展将不可持续。为了说明制度变迁对经济增长的作用，诺斯将制度区分为制度环境与制度安排。诺斯认为，有许多外生变量可以促使利润的生成，但是一些制度因素也会阻滞利润的顺利实现，这就给新的制度安排的形成提供了契机，从而导致了制度变迁的出现。正是制度变迁构成了一种经济长期增长的源泉。诺斯还指出，产权理论、国家理论和意识形态理论是理解制度框架的三块基石。其逻辑关联是:经济增长有赖于明确界定的产权，但在技术和现有组织制约下，产权界定的成本极为高昂，于是国家作为一种低成本地提供产权保护与强制力的制度安排应运而生，借以保护经济增长，同时，成功的意识形态有助于更好地、更有效地克服“搭便车”问题，推动经济增长。②

本书将利用诺斯制度变迁理论来分析当前中国农村土地管理制度存在的问题及其制度变迁的内在逻辑，以及制度优化的政策路径。

二、土地产权理论

（一）西方产权与土地产权理论

“产权”是“财产权利”的缩写。西方产权经济学家赋予产权丰富

---

① 诺斯:《经济史中的结构与变迁》，上海三联书店1994年版，第7页。

② 蒋自强、史晋川等:《当代西方经济学流派》，复旦大学出版社2001年版，第285页。

的内涵,不同学者依据各自的研究视野和立论角度,对"产权"有不同的解读。如哈罗德·德姆塞茨(Harold Demsetz)把产权定义为"一个人或其他人受益或受损的权利"或者说,"产权是界定人们如何受益及如何受损,因而谁必须向谁提供补偿以使他修正人们所采取的行动"[①]。阿尔钦(Armen Abert Achian)则把产权定义为"一个社会所强制实施的选择一种经济品使用的权利"而私有产权则是"将这种权利分配给一个特定的人,它可以同附着在其他物品上的类似权利相交换。私有产权的强度由实施它的可能性与成本来衡量,这些又依赖于政府、非正规的社会行动以及通行的伦理和道德规范"。[②] 约拉姆·巴泽尔(Yoram Barzel)把产权定义为,对财产进行利用、收益以及转让的权利。综上所述,所谓产权,是指对财产各种权利的总称。尽管西方经济学家赋予产权不同的定义,但是,他们对产权的理解还是取得一定的共识,他们普遍强调产权是一种权利束(a bundle of rights),其可以分解为多种权利并呈现出一定的产权结构。一个完整的产权包括使用权、收益权和转让权,其中每一种权利又可以得到进一步的细分。

西方经济学家对产权的功能也进行了深入的探讨。德姆塞茨指出,"产权是一种社会工具,其重要性就在于事实上它们帮助一个人形成他与其他人进行交易时的合理预期","产权的一个主要功能是引导人们将外部性转为内在的激励"。[③] 理查德·波斯纳(Richard A.Posner)概括了产权有效体系的三个标准:①普遍性(university),资产普遍有其所有者,产权才能有效发挥作用;②独占性(exclusivity),产权越是独占和完整,资源配置越有效,当交易费用极高,产权的独占性会排斥产权的转移,这时会降低资源配置的效率;③可转让性(transferability),即产权必须可自由地交易,

---

① [美]德姆塞茨:《关于产权的理论》,刘守英译,《财产权利与制度变迁》,上海三联书店1991年版,第97页。

② [美]阿尔钦:《产权:一个经典注释》,刘守英译,《财产权利与制度变迁》,上海三联书店1991年版,第166页。

③ [美]德姆塞茨:《关于产权的理论》,刘守英译,《财产权利与制度变迁》,上海三联书店1991年版,第97—98页。

否则资源配置难以奏效。由此可见，产权是一种排他性的权利，而且这种权利必须是平等交易的法权，而非特权。①

从前面产权经济学家对产权的内涵及其功能阐释，我们不难给出土地产权的定义。土地产权就是有关土地这种财产（地产）的一切权利的总和。由于西方国家实行土地私人所有制，所以传统上西方学者对土地产权的论述多限于土地的所有权、使用权、收益权、处分权等各项权利构成的一个“权利束”。随着社会经济活动形式的不断演进，该“权利束”在时间和空间层面不断的排列组合，形成了各式各样的权利类型如土地使用权、土地所有权、土地继承权等，以及变更方式如土地所有权或使用权买卖、土地使用权出租或转租、土地所有权或使用权抵押等。②

基于以上的理论逻辑，我们可以把土地产权理解为各种单项权利的权利束或权利组合，其不同的组合方式形成不同的土地产权结构。不同的产权结构形成了不同的利益主体结构，从而不同的产权结构也就具有不同的产权效率。我国一些学者借鉴西方土地产权理论，结合我国实际，探讨了我国土地产权构成问题。如周诚认为土地所有权是由土地占有权、土地使用权、土地收益权、土地处分权等四项基本权利所构成的论断切合了我国实际，而土地产权是以土地所有权为基础的、有关土地财产的一切权利的总和。③ 他将土地产权划分为四级产权束：一级土地产权束是全部产权的总和；二级土地产权束由土地所有者产权束、土地受托管理者产权束和土地产权宏观调控者产权束所组成；土地使用者产权束是从土地所有者产权束中分解出来的，故称之为三级产权束，它由土地无偿或低偿使用者产权束和土地有偿使用者产权束所组成；土地承租者、土地抵押权人从土地有偿使用者那里有偿地取得相应的土地产权，形成第四级土地产权束。④

---

① ［美］理查德·波斯纳：《法律的经济分析》（上），蒋兆康译，中国大百科全书出版社 1997 年版，第 42 页。

② 李乐：《西方社会土地产权的构成、演化与启示》，《中国国土资源经济》2014 年第 1 期。

③ 周诚：《论我国土地产权构成》，《中国土地科学》1997 年第 5 期。

④ 毕宝德：《土地经济学》，中国人民大学出版社 2006 年版，第 135 页。

合理的产权制度安排有助于提升土地资源的配置效率。著名的“科斯定理”（Coase theorem）就是从产权安排的角度对资源配置进行制度分析。“科斯定理”由罗纳德·科斯（Ronald Coase）提出的一种观点，认为只要财产权是明确的，并且交易成本为零或者很小，那么，无论在初始阶段将财产权赋予谁，市场均衡的最终结果都是有效率的，实现资源配置的帕累托最优。套用科斯的一句话就是：“如果定价制度的运行毫无成本，最终的结果（产值最大化）是不受法律状况影响的。”[①]

交易成本为零的状态符合新古典经济学的完全竞争模式的理论假设，但是，科斯真正所要研究的是交易成本为正的另一种状态，为此，他又提出了被称之为“科斯第二定理”的论点：在存在交易成本的情况下，不同的权利界定，会带来不同效率的资源配置。换句话说，交易是有成本的，不同的产权制度安排会带来不同的交易成本，所产生的资源配置效率也可能不相同。因此，为了优化资源配置，需要制定一套合理的产权制度。

综合以上西方产权与土地产权理论，不难看出，土地产权的功能涵盖了激励、约束和分配三个方面，这些功能保证了土地的集约利用和合理利用。稳定且功能明确的土地产权是市场交易的基础，也是土地资源得到最优配置的制度保障。什么样的土地产权制度，就会什么的土地产权功能，从而就有什么样的土地绩效。因此在现阶段，加强我国农地产权权能建设，以法律法规的形式赋予农民长期且完整的土地使用权、支配权、收益权和处置权，有利于促进农地作为一种资本要素的市场流动，进而推动农地资源的集约利用与适度规模化经营。

（二）马克思主义土地产权理论

与西方产权理论不同，马克思主义产权理论区分了公有产权的起源和私有产权的起源。马克思认为，人类迄今为止已经经历了公有产权和私有产权两种产权制度，前者是后者的基础，后者是前者的必然结果。因此，公有产权和私有产权构成了产权的范畴。马克思指出，公有产权是人类最初

---

① ［美］科斯：《企业、市场与法律》，盛洪译，上海三联书店 1990 年版，第 233 页。

自然产生的产权关系，而私有产权是人类社会发展到一定程度的产物，随着人类社会的不断发展，私有产权和公有产权都会发生演变，最后，人类社会的产权必然会达到新的、更科学有效的公有产权制度。[①]

基于产权关系必然经历“否定之否定”变迁的理论逻辑，马克思以土地所有制、土地所有权理论来解释土地产权权利关系及其运动。他认为，土地产权是生产关系的一种表现，是和社会生产方式相适应的历史范畴。[②]马克思的土地产权理论主要包括土地产权制度及其变迁理论、土地产权权能理论、土地产权结合与分离理论、土地产权商品化及土地产权配置市场化理论。关于马克思土地产权理论国内外学者已做了较为深入的研究，在此，本书简要地归纳如下几点：

第一，土地所有权及其权能的结合与分离。土地所有权理论是马克思主义土地思想的基础。马克思在他的经典巨著《资本论》中对土地所有权问题作过了系统论述。土地所有权是一个社会历史的范畴，“土地所有权的前提是一些人垄断一定量的土地，把它作为排斥其他一切人的、只服从个人意志的领域”[③]。在这里，马克思把土地所有权界定于最终控制权的范围，具有排他性的土地终极所有权构成了土地产权权能的核心。尽管在马克思著作中没有明确的“土地产权”概念，但他对土地终极所有权衍生出来的各种土地权利进行了详尽阐述，一般认为，“马克思的土地产权是指由土地所有权以及由其衍生出来的占有权、使用权、收益权、处分权、转让权、抵押权等权能组成的权利束”[④]。

土地产权权能不一定都要集中在同一个产权主体上，终极所有权的排他性特征并不妨碍产权权能从所有权中分离出来。马克思对土地所有权

---

① 于鸿君：《产权与产权在起源——马克思主义产权理论与西方产权理论比较研究》，《马克思主义研究》1996年第6期。

② 邵彦敏：《马克思土地产权理论的逻辑内涵及当代价值》，《马克思主义与现实》2006年第3期。

③ 马克思：《资本论》第三卷，人民出版社2004年版，第695页。

④ 邵彦敏：《马克思土地产权理论的逻辑内涵及当代价值》，《马克思主义与现实》2006年第3期。

的可分解性做了深入研究，他考察了土地所有权结合、分离及独立运作的不同情况：一是小生产方式中土地所有权和占有权、使用权合而为一，属于单一的产权主体，此时的土地所有者也是支配者和使用者；二是在私有社会中土地所有权与使用权、占有权相分离，分属不同的主体所有；三是土地公有制下土地终极所有权与使用权、占有权的分离，这意味着虽然个人的私有权已经消失，但可以存在私人个体或共同的占有权和使用权。[①] 马克思土地所有权分离理论对现阶段我国农村集体土地确权和土地产权权能分解具有极高的指导意义。

第二，土地所有制变革的内在逻辑。土地所有制是指在一定社会生产方式下，由国家确认的土地所有权归属的制度。土地所有制是生产资料所有制的重要组成部分，是土地制度的核心和基础。马克思无情地批判了资本主义土地私有制的“荒谬性”，“从一个较高级的社会经济形态的角度来看，个别人对土地的私有权，和一个人对另一个人的私有权一样，是十分荒谬的。甚至整个社会，一个民族，以至一切同时存在的社会加在一起，都不是土地的所有者。他们只是土地的占有者，土地的利用者，并且他们必须像好家长那样，把土地改良后传给后代”[②]。由于土地所有权垄断的存在，一方面限制了资本自由进入农业生产领域，另一方面压制了农业资本家长期投资土地以改善地力的积极性。因此，在马克思看来，只有废除土地私有制，才能使“劳动和资本之间的关系彻底改变，归根到底将完全消灭工业和农业中的资本主义生产方式”[③]。

马克思也抨击了小农生产方式的落后性，“小块土地所有制按其性质来说就排斥社会劳动生产力的发展，劳动的社会形式、资本的社会积聚、大规模的畜牧和科学的不断扩大的应用”。“生产资料无止境地分散，生产者本身无止境地分离。人力发生巨大的浪费。生产条件日趋恶化和生产资料日益昂贵是小块土地所有制的必然规律。对这种生产方式来说，好年成

① 洪名勇：《论马克思的土地产权理论》，《经济学家》1998 年第 1 期。

② 马克思：《资本论》第三卷，人民出版社 2004 年版，第 878 页。

③ 马克思、恩格斯：《马克思恩格斯选集》第三卷，人民出版社 1995 年版，第 129 页。

也是一种不幸。”[①] 因此，马克思恩格斯认为，无产阶级取得政权后必须改造小块土地所有制下小农经济。

第三，地租的形成与实质。土地所有权是一切地租形成的前提和基础。马克思认为，资本主义地租是土地所有权在经济上的实现形式，是凭借土地所有权占有日益增大的剩余利润的转化形式。“作为租地农场主的资本家，为了得到在这个特殊生产场所使用自己资本的许可，要在一定期限内（例如每年）按契约规定支付给土地所有者即他所使用土地的所有者一个货币额（和货币资本的借入者要支付一定利息完全一样）。这个货币额，不管是为耕地、建筑地段、矿山、渔场、森林等等支付，统称为地租。这个货币额，在土地所有者按契约把土地租借给租地农场主的整个时期内，都要支付给土地所有者。因此，在这里地租是土地所有权在经济上借以实现即价值增殖的形式”[②] “无论地租有什么独特的形式，它的一切类型有一个共同点：地租的占有是土地所有权借以实现的经济形式，而地租又是以土地所有权，以某些个人对某些地块的所有权为前提。”[③] 也就是说明了，只要存在土地所有权就必然存在地租，而地租是土地所有权和经营权相分离的产物。换句话说，土地所有权的存在以及其与经营权的分离，是地租产生的必然前提。

关于资本主义地租的实质，马克思认为，地租是土地使用者由于使用土地而缴给土地所有者的超过平均利润以上的那部分剩余价值。马克思按照地租产生的原因和条件的不同，将地租分为三类：级差地租、绝对地租和垄断地租。前两类地租是资本主义地租的普遍形式，后一类地租（垄断地租）仅是个别条件下产生的资本主义地租的特殊形式。

第四，土地产权的交易商品化和配置市场化。

尽管马克思没有把土地产权直接称为一种商品，但他关于土地产权的论述已经清楚阐明了土地产权的商品属性。“在这里，社会上一部分人向

① 马克思：《资本论》第三卷，人民出版社 2004 年版，第 910 页。

② 同上书，第 698 页。

③ 同上书，第 714 页。

另一部分人要求一种贡赋，作为后者在地球上居住的权利的代价，因为土地所有权本来就包含土地所有者剥削土地，剥削地下资源，剥削空气，从而剥削生命的维持和发展的权利。”[①] 按照马克思的“土地所有权都要求得到它的贡赋”的理论逻辑，土地产权不仅成为收入的一个源泉，而且作为一种产权和手段，能使被产业资本家无偿占有的剩余价值的一部分顺利地转移到土地所有者手中。因此，土地产权“变成了支取无酬劳动、无代价劳动的凭证”[②]，这意味着，土地所有者可以有偿让渡土地产权的相关权能以获取经济利益，因而，土地产权就像资本等其他生产要素一样可以在市场上自由交易。

土地产权交易商品化是土地产权配置市场化的基础。马克思认为，任何一种商品无论它的使用价值如何不可分割，但它的交换价值却是可以任意分割。由于地租的存在，土地产权丧失了不动产的性质，“变成一种交易品”[③]，可以“借助于商品的各小部分的所有权证书，商品能够一部分一部分地投人流通”[④]。这样，土地产权通过交易商品化进入市场，依靠市场机制实现了配置市场化。

第五，土地国有化的社会必然性。关于社会主义的土地所有制问题，马克思恩格斯明确提出了土地国有化的主张。马克思在《论土地国有化》一文里集中阐释了土地国有化的必然性和必要性。“我确信，社会的经济发展，人口的增长和集中，迫使资本主义农场主在农业中采用集体的和有组织的劳动以及利用机器和其他发明的种种情况，将使土地国有化越来越成为一种‘社会必然’，这是关于所有权的任何言论都阻挡不了的。社会的迫切需要将会而且一定会得到满足，社会必然性所要求的变化一定会进行下去，迟早总会使立法适应这些变化的要求。”[⑤]

---

① 马克思：《资本论》第三卷，人民出版社 1975 年版，第 721 页。

② 马克思、恩格斯：《马克思恩格斯选集》第二十六卷Ⅱ，人民出版社 1973 年版，第 36 页。

③ 马克思、恩格斯：《马克思恩格斯选集》第一卷，人民出版社 1972 年版，第 148 页。

④ 马克思、恩格斯：《马克思恩格斯选集》第四十六卷下册，人民出版社 1980 年版，第 446 页。

⑤ 马克思、恩格斯：《马克思恩格斯选集》第三卷，人民出版社 1995 年版，第 127 页。

马克思清楚地表明资本主义农业生产方式为土地国有化奠定了物质基础，而土地国有化的出现必将从根本上消除剥削关系，“只有到那时，阶级差别和各种特权才会随着它们赖以存在的经济基础一同消失，靠他人的劳动而生活将成为往事”[①]。同时，土地国有化将会促进一切生产资料的集中和利用，为最终走向共产主义铺平道路。

不过值得注意的是，马克思恩格斯反对把小农的土地直接收归国家所有。他们认为，改造小农土地所有制必须以尊重农民意愿为前提，“无产阶级……将以政府的身份采取措施，直接改善农民的情况，从而把他们吸引到革命方面来；这些措施一开始就应当促进土地私有制向集体所有制过渡，让农民通过经济的道路来实现这种过渡；但是不能采取得罪农民的措施，例如宣布废除农民继承权或废除农民所有权”[②]。对于农村人口占绝大多数、小农经济占统治地位的国家和地区，不能直接采取土地国有化措施。为此，马克思恩格斯提出了土地集体所有制下农民合作社经营的政策主张。农村土地集体所有制思想为新中国成立以后我国农村土地制度的建立提供了理论依据。

尽管马克思土地产权理论是在资本主义生产关系框架下展开研究的，但仍具有重大的理论与实践价值。现阶段，我国正在积极推进中国特色的农业现代化建设，在此背景下，我们既要借鉴西方发达国家的经验，也要避免照搬西方土地产权的土地“私有化”的做法。因此，深化研究马克思主义土地产权理论，用理论创新引领制度创新，对于形成我国农村土地制度改革的路径共识，探讨中国特色农业现代化与城镇化发展道路具有重要的理论与现实意义。

三、人口迁移理论

20世纪中后期以来，西方学者对发展中国家自发性乡城迁移式农民市

① 马克思、恩格斯：《马克思恩格斯选集》第三卷，人民出版社1995年版，第129页。

② 同上书，第287页。

民化问题进行了大量的理论与模型研究。这些研究至今对我们研究农民市民化问题仍有着重要的参考借鉴意义。

（一）人口迁移的两部门理论

城市化首先表现为人口由农村向城市迁移的过程。那么,人口城乡迁移的内在动因是什么？由经济学家阿瑟·刘易斯（W. Arthur Lewis）首先提出,后经古斯塔夫·拉尼斯（G. Ranis）和约翰·费（J. C. H. Fei）改进的两部门理论模型,可以在一定程度上说明这种迁移发生的经济原因。两部门理论把整个国民经济简单地看作是由两大部门构成的,即农业与工业,或农村与城市。

先观察农村部门,这是一个以传统的农业为代表,生产效率低下,只能维持最低生活水平的不发达经济部门。理论模型对该部门有三条假定：①存在着“土地收益递减规律”,即在固定数量的土地上,随投入的劳动单位的增加,总产值的增量呈递减趋势,也就说劳动增量与产值增量之间存在负相关的关系；②人口是持续增加的,直至达到某个极限；③人均收入水平不能低于最低生存费用水平。在这三个前提条件的约束下,不发达经济部门存在一个所谓的低水平均衡陷阱。[①] 在这个陷阱中,不管耕地数量、技术水平有无变化,从长期来看,农村的人均收入都会维持在最低的生存费用水平（如果低于这个水平,人们就无法生存）。现在我们来分析一下农村部门的劳动力状况,为了便于分析,我们需要借助于图形来说明。在2-1图中，I为总产值曲线,其斜率绝对值（也就是劳动的边际产值）递减,说明了随着劳动力的递增,总产值的增量是递减的。OF是最低的生存费用线,这条线的斜率 Q_2/L_3, 也就是人均收入水平,是维持人们生存的最低生存费用水平。先看E转折点,这是劳动边际产值为零的点（$\triangle Q=0$）。超过了这一点,再增加劳动力,总产值也不再增加了。因此，L_2—L_3 这一部分劳动力对于这个经济体来讲是多余的,被称为剩余劳动力。

在D转折点，I曲线的切线与OF线（即最低的生产费用线）平行,这

① 孟晓晨:《西方经济学——理论与方法》,北京大学出版社1992年版,第6页。

说明了 I 曲线在 D 点的斜率的绝对值（也就是劳动的边际产值）正好等于 Q_2/L_3，即最低生存费用。这就说明了，当劳动力增加到 OL_1 时，该新增的劳动力所带来的产值刚刚可以使自己生存下来，但如果超过了 D 点，或者说劳动力数量超过 OL_1 后，新增的劳动力创造的产值就无法使自己生存下去（只能靠分享 L_1 劳动力的产品而生存）。所以 L_1—L_2 这部分的劳动力也是多余的。那么，这部分再加上前面的剩余劳动力即 L_1—L_3，我们称为过剩劳动力。

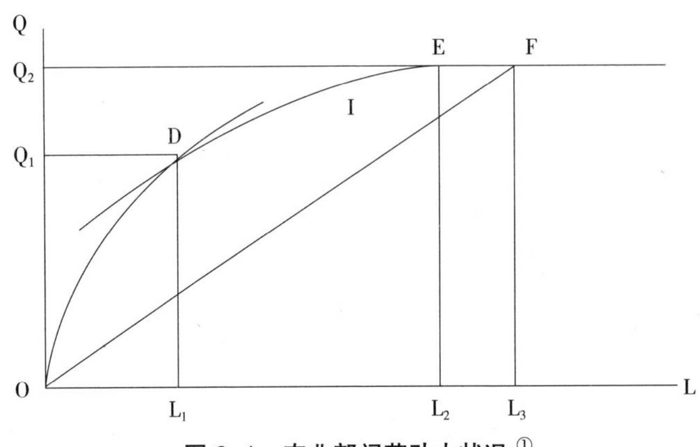

图 2-1　农业部门劳动力状况①

再分析工业部门，这是一个以现代化方法进行生产、劳动生产率和工资远比农村部门为高的城市工业部门。在这个部门所使用的大量厂房设备等都是再生性生产资源，随着工业的发展和资本的积累，这些资源规模可不断扩大，其扩大的速度可以超过甚至大大超过人口的增长。这样，每个劳动力所拥有的生产资源就越来越多，边际收益也会越来越高，呈递增的趋势。由于现代工业工业部门的工资高于农业部门，因此，现代工业经济的建立，可以把农业中的过剩劳动力转移出来，使农业劳动边际收益大于最低生存费用。这样整个经济就由收益递减转变为收益递增，从低水平均衡陷阱中摆脱出来。所以，我们可以从中看到，工业化进程实际上就是

① 孟晓晨：《西方经济学——理论与方法》，北京大学出版社 1992 年版。

一个劳动力（或者说人口）由农村到城市、由农业到工业的转移过程。而这既是工业化的过程，同时也是城市化的过程。

以上是两部门理论模型对城市化内在机制的诠释。该模型强调了资本积累和技术创新对工业部门扩张的重要性，同时也还强调了只有农业发展了，才能提供更多的剩余农产品和剩余劳动力，以满足工业部门不断扩张而产生的需求。从该模型中我们可以看出，城市部门工业化的发展对农村劳动力形成了拉力，而农村剩余劳动力的存在和剩余农产品的出现也形成了人口向城市转移的推动力。该模型比较符合存在大量剩余劳动力的发展中国家的实际情况。当然，对于中国来讲，该模型存在突出的缺陷是，难以解释在城市存在大量失业情况下，如何实现人口转移的。

（二）推拉理论

推拉理论最早可以追溯到19世纪英国学者雷文斯坦（E. Ravenstien）对人口迁移的研究。雷文斯坦在"人口迁移之规律"的论文中提出了一个著名的迁移七大法则：①人口的迁移主要是短距离的，方向是朝工商业发达的城市的；②流动的人口首先迁居到城镇的周围地带，然后又迁居到城镇里面；③全国各地的流动都是相似的，即农村人口向城市集中；④每一次大的人口迁移也带来了作为补偿的反向流动；⑤长距离的流动基本上是向大城市的流动；⑥城市居民与农村居民相比，流动率要低得多；⑦女性流动率要高于男性。

在人口迁移原因方面，巴格内（D. J. Bagne）最先提出人口迁移"推拉理论"（push and pull theory），他认为人口流动是"推力"与"拉力"共同作用的结果，人口流出地存在各种消极因素促使人口迁出，而流入地存在各种积极的因素吸引人口迁入，迁移者就是根据流出地与流入地之间各种因素因素进行比较而做出迁移的决策。在巴格内（D. J. Bagne）推拉理论的基础上，李（E. Lee，1966）提出了一个解释人口空间流动的理论框架，他在"移民人口学之理论"一文中，认为流出地和流入地都存在拉力和推力，同时还存在"第三个因素"，即所谓的"中间障碍因素"：主要包括距离远近、物质障碍、语言文化的差异，以及移民本人对于以上这些因素的价值判断。人口流动是上述三个因素综合作用的结果。

（三）乔根森模型

乔根森模型是美国经济学家戴尔·乔根森（D. W. Jogenson）于 1967 年在《过剩农业劳动力和两重经济发展》一文中提出，依据新古典主义（New Classicalism）的分析方法创立的一种理论。该理论认为农村剩余劳动力转移的前提条件是农业剩余。当农业剩余等于零时，不存在农村剩余劳动力转移。只有当农业剩余大于零时，才有可能形成农村剩余劳动力转移。从马尔萨斯人口论的观点出发，乔根森认为人口增长取决于经济增长，因此，随着农业技术进步，农业剩余的规模将不断扩大，必然导致更多的农村剩余劳动力向工业部门转移，农业剩余的规模决定着工业部门的发展和农村剩余劳动力转移的规模。

（四）托达罗迁移预期收入理论

70 年代初，美国经济学家托达罗（M. P. Todaro）提出了人口迁移模式（Expected Income of Migration），这是旨在解释发展中国家广泛存在的从农村向城市移民过程原因的一种理论。托达罗认为劳动力的乡城迁移决策不仅取决于乡城实际收入差距，也取决于迁移者在城市里能够找到就业岗位的概率，即预期的城乡收入差距是促使人们做出流入城市决策的基本动因。所谓的预期的收入差异，是由城乡实际收入差距和获得城市就业机会的可能性二者组成。发展中国家城市移民人数猛增，这主要是城乡预期收入差异扩大的结果。由于发展中国家存在的大量失业现象，新的迁移者在城市很难马上能找到他所预期的高收入职业，因而当农民在作出迁移决策时，除了考虑收入因素外，还必须在获得高收入职业的可能性和在相当长一段时间内失业或就业不足之间进行权衡。例如，如果城市实际收入高出农村收入的 1 倍，但找到工作的概率只有 20%，那么迁移者实际上就不会选择移民，但是如果迁移人在城里找到工作的可能性达到 60%，则会促使他做出迁移的决策。

托达罗进一步认为，由于迁移者在城里获得就业机会的可能性与城市中的失业率成反比例关系，因而，如果城市失业率较低，则必然使迁移者获得高收入职业的可能性增加,从而使其预期收入增加,鼓励了他的迁移决心。所以,这就说明了为什么一些发展中国家为了降低城市中的高失业率,采取了一系列降低城市失业率的措施,其结果非但没有降低城市中的失业率,反而使城市中的失业率进一步提高的原因。与传统的人口迁移理论相比,托达罗人口迁移模型对发展中国家广泛存在的大规模从乡村到城市移民现象的解释更加符合发展中国家的实际情况,分析也更有说服力。

与刘易斯以城市充分就业为假设前提不同,托达罗认为农村中不存在剩余劳动力,相反,他将模型建立在城市失业的前提下。这正是托达罗理论的独特贡献,该理论很好解释了在城市存在高失业率的额情况下乡城劳动力迁移仍然继续的原因。

四、农户经济行为理论[①]

原苏联农业经济学家恰亚诺夫（Chayanov, A. V.）较早地对农户经济模型进行研究。在其农户微观运行的理论中,他提出了单个农户的经济运行规律,即农户家庭内部劳动与资源分配的经济逻辑。[②] 恰亚诺夫认为,农户经济行为组织具有“家庭劳动农场”性质,农户经济行为遵循的是不同于资本主义经济的行为逻辑,不能以资本主义的学说来解释。农民家庭是农民农场经济活动的基础,而家庭经济以劳动的供给与消费的满足为决定因素,当劳动投入增加到主观感受的“劳动辛苦程度”与所增产品的消费满足感达到均衡时,农场的经济活动量便得以规定。农场经济活动中各种均衡关系的实现依赖于土地、劳动与资本这三要素,这些要素的不同组合制约着农场活动的适度规模的实现与偏离。农民农场正是以这种独特性质影响整个国民经济结构,这可以从对经济地租、土地价格、资本利息、农产品市场、劳动供给等几个宏观经济因素的分析中清楚看到。[③] 很显然,恰

① 参见笔者:《中国城镇化进程中农民退出机制研究》,人民出版社2012年版,第115—118页。

② ［俄］恰亚诺夫:《农民经济组织》,萧正洪译,中央编译出版社1996年版,第59—60页。

③ 秦晖:《“恰亚诺夫主义”:成就与质疑——评A.B.恰亚诺夫〈农民经济组织〉》,《马克思主义研究论丛》第五辑,中央编译出版社2006年版,第210页。

亚诺夫的农户经济理论是建立在“劳动消费均衡”思想的基础之上，这实际上是以效用最大化标准代替了利润最大化标准。农户模型的引入源于解释农产品价格的提高并未相应显著提高其市场供给这一现象。

针对恰亚诺夫模型，美国学者西奥多·舒尔茨（Theodore William Schultz）提出了截然不同的观点。他认为，传统社会的农民与资本主义社会的农场主，在经济行为上没有本质性差别，都遵循经济学的“利润最大化”原则，且传统农业是一个经济概念，应该从经济本身对农户经济行为进行分析。于是，舒尔茨提出了著名的“贫穷而又有效率”假设，通过实证分析表明，在传统的农业经济中，农民对资源做出了最佳运用，他们对资源配置的高效性甚至连“有能力的农场经营者”都不能相比[①]。舒尔茨最后得出结论：传统生产要素的长期不变导致了传统农业的停滞不前，只有提供给小农可以合理运用的现代生产因素，并对农民进行人力资本的投资才可以改造传统的农业。

塞缪尔·波普金（S.Popkin）在舒尔茨分析模型的基础上，对“农户经济行为”的“理性”范畴进行延伸。在其代表著作《理性的小农》（1979）中，他提出“农民是理性的个人或家庭福利的最大化者”的中心假设，指明“我所指的理性意味着，个人根据他们的偏好和价值观评估他们行为选择的后果，然后做出他认为能够最大化他的期望效用的选择”。在“经济理性”和“期望效用最大化”假设的基础上，波普金建立了一个用“公共选择理论”揭示农民社会和农民行为的解释模式[②]。

与恰亚诺夫的“家庭劳动农场”和舒尔茨的“利润最大化”假说不同，美国学者黄宗智（Huang Philip C. C）采取了折中的方法，运用不同的理论视角对不同阶层的农户经济进行具体分析，提出了“过密化”理论。“过密化”即 involution，原译作“内卷化”，后来改译为“过密化”，是克利福德·吉尔茨（Clifford Geertz）在其著作中对爪哇稻作农业中由于劳动

① ［美］西奥多·W·舒尔茨：《改造传统农业》，梁小民译，商务印书馆 1999 年版，第 29—34 页。

② 郑杭生、汪雁：《农户经济理论再议》，《学海研究》2005 年第 3 期。

力过量投入导致的边际报酬递减现象的称谓。[①] 黄宗智认为，小农经济过密化源于人口和可获得资源间的失衡，人口的增长造成了过剩劳动力数量的增加，在高度生存压力下必然导致过密化的产生，因此，过密化是人口压力下维持生计的策略，虽然有总产量的增加，却不能带来劳动生产率的提高。[②] 最后，黄宗智指出，20 世纪 80 年代以前中国乡村经济的停滞主要是由于“过密化”的结果，中国乡村的发展应该走“工业化”的“反过密化”的道路。黄宗智“过密化”理论解释数百年来中国农村经济的变迁，在国内外学术界引起极大的反响和广泛的争论。

风险厌恶理论是一种新型的农户经济理论。风险厌恶（risk aversion）是一个人在承受风险情况下其偏好的特征，它是用来测量人们为降低所面临的风险而进行支付的意愿。在降低风险的成本与收益的权衡过程中，厌恶风险的人们在相同的成本下更倾向于做出低风险的选择。与前面介绍的农户理论不同，风险厌恶理论是学者们运用“风险”与“不确定”条件下的“决策理论”，对农户经济行为进行研究的一种经济学视角，它并非一种系统的、独立的农户经济行为理论。[③] 该理论也假定农户决策的逻辑是追求目标最优化，所不同的是，它引进了“风险”和“不确定”两个概念。风险厌恶理论认为，农户是风险厌恶者，农户的风险厌恶阻碍了新技术的扩散和应用，农户的风险厌恶随着收入和财富的增长而下降。风险厌恶理论的优点在于考虑了“风险”与“不确定”因素，使得传统的“效用最大化理论”更为客观，更贴近于现实；但也存在局限性，即其所限定的风险范围主要表现为“市场风险”，尤其是“价格风险”，而忽视了非市场风险，如“政策风险”，“就业风险”等，从而影响了对农户经济行为的解释力。

除了以上几种农户模型外，还有一些比较重要的农户经济行为论著也引起学术界的关注，如巴纳姆和斯奎尔（H. N. Barnum & L. Squire）的《农

---

① Clifford Geertz, *Agricultural Involution: The Processes of Ecological Change in Indonesia*, University of California Press, 1963.

② 黄宗智：《长江三角洲小农家庭与乡村发展》，中华书局出版社 2000 年版，第 10—11 页。

③ 郑杭生、汪雁：《农户经济理论再议》，《学海研究》2005 年第 3 期。

场户模型:理论和实证》(1979),娄(A. Low)的《在南部非洲的农业发展:家庭经济和粮食危机》(1986),詹姆斯·C. 斯科特(James C. Scott)的《农民的道义经济学东南亚的反判与生存》(2001)等等。

随着对农户经济理论的研究的不断深入,它不仅被用来研究农户的微观经济行为,也用来分析农业政策等宏观因素,其理论与实践意义是不言而喻的。总体而言,农户经济行为理论是一个不断发展与完善的过程,恰亚诺夫的“劳动消费均衡理论”和舒尔茨的“利润最大化理论”是两大基本理论传统,“风险厌恶理论”以及“过密论”则是从不同的角度拓展了农户经济理论的研究视野。

五、公共选择理论

公共选择理论(public choice)又称新政治经济学或政治学的经济学(economics of politics),是一门介于经济学和政治学之间的新的交叉学科,主要代表人物有美国经济学家詹姆斯·麦吉尔·布坎南(James Mcgill Buchanan)和戈登·塔洛克(Gordon Tullock)。它把经济学的研究对象拓展到以往被经济学家视为外部因素而由政治学研究的传统领域,把人类的经济行为和政治行为作为统一的研究对象,以微观经济学的基本假设(尤其是理性人假设)、原理和方法作为分析工具,来解释个人偏好与政府公共选择的关系,研究作为投票者的消费者如何对公共物品或服务的供给的决定表达意愿。

公共选择理论中政治市场的“经济人”假设尽管在学术界中仍存在争议的,但从应用角度看,为我们的制度创新与优化提供了富有启发性的思路。这一假设便于人们以此为依据制定出有效率的制度和政策。这一假设的引申含义是,若要政治决策能符合公共利益最大化要求,就必须建立起一套能约束和监督决策者的有效机制,否则,决策就可能偏离公共利益的轨道。就当前的农村土地制度改革而言,地方政府要约束自己利益追求的冲动,充分尊重农民的土地权益和各项利益,否则制度创新将难以为继。

公共选择理论对政治决策程序和规则的研究，对我国完善农村土地制度也有重要借鉴价值。政府决策的结果取决于决策程序和规则。从一定意义上说，在决策中，程序和规则更重要。我国以往的农村土地管理实践中，在一定程度上存在重结果，轻程序，忽视规则的作用问题。农民作为土地利益攸关者与农业生产主体，往往被排除在土地管理决策之外，从而造成了农村"维稳成本"的高昂以及农民对地方政府的不信任，这种状况若要改观，就必须加强对农地管理的决策程序和规则的研究。

第三节　制度优化目标及政策取向

一、农村土地管理制度优化的总体目标

"三农"问题的核心仍然是土地问题，而土地问题的核心则是农村土地管理制度。基于现实环境与政策法规的考察，本书认为，当前农村土地管理制度优化的总体目标，应该体现在以下几个方面：

首先，实现清晰与稳定的产权。由于农村土地产权模糊的内在缺陷导致了农民利益流失和农地资源配置的低效率，严重制约着农业与农村现代化进程。因此，农村土地管理制度的变革必须围绕着产权这个核心问题而展开。党的十八届三中全会通过的《决定》明确提出："要赋予农民对承包地占有、使用、收益、流转及承包经营权抵押、担保权能。"显然，新一轮的农村土地制度改革的重心在于加强农地产权权能建设，赋予农民长期且完整的土地使用权、支配权、收益权和处置权，并尊重农民法律地位和市场主体地位，允许其按照市场原则交易。

其次，尊重农民产权主体的地位。尽管我国宪法赋予"农民集体"土地管理的主体地位，但在具体实践中国家权力凌驾于农民集体之上，成为事实上的产权代表和执行主体，而农民却丧失了参与主体的资格。这种集体土地所有权虚置现象，剥夺了农民所应该拥有的知情权、参与权与决策权，侵蚀了农民合法的土地权益，这是导致农村社会"维稳成本"高企以

及农民对基层政府土地监控行为不信任的主要原因。因此,更新农村土地管理模式,充分保障农民的参与权与决策权,提升农民参与农地管理决策程度,也是当前农村土地管理制度优化的重要目标。

再次,促进农业现代化进程。没有农业现代化就没有国家现代化,加强农业基础地位仍然是新时期新形势下国家发展的重大战略方针。经过长期不懈的努力,中国农业现代化建设已取得长足进步,但是必须看到,我国农业现代化进程还远远滞后于工业化、信息化和城镇化,"四化"同步发展中的农业现代化的"短板效应"凸显。当前,我国农业现代化进程中面临的困局突出表现在城乡分割的二元结构尚未从根本上发生改变,由此导致的土地资源低效率配置与农村空心化现象阻滞了农业现代化进程。"困局"的破解之道关键在于体制机制创新,尤其是推进农村土地管理制度的优化与创新,为土地的适度规模化、集约化经营创造条件。

最后,推动城镇化与农民市民化的协同发展。众多研究成果已经证明了现行的农村土地管理制度是造成农民市民化滞后于城镇化发展的主要原因,而农民市民化发展滞后又阻滞了城乡发展一体化进程,加剧了农村经济社会"内卷化"程度。因此,本书认为,在充分尊重农民意愿和土地权益的前提下,通过农村土地管理制度的优化与创新,是促进农民工顺利地退出农村与农业,实现农民市民化与城镇化协同发展的必要前提,也是本书研究的题中之义。

二、农村土地管理制度优化的政策取向

土地管理制度的弊端催生改革需求。当前,中国农村土地管理制度优化应该在坚持土地公有制性质不改变、耕地红线不突破、农民利益不受损三条底线的基础上稳健推进。政策取向如下:

第一,加强农地产权权能建设。以稳定农村土地承包关系为前提,加强农地产权权能建设。随着农村人口的城乡迁移,土地承包主体与经营主体分离的现象越来越普遍,迫切需要对农地产权结构进行调整和完善。通过法律的修订,明确农地的各项权能,以更好地适应城镇化和土地适度规

模经营的新形势。

第二，完善土地征收、流转利益补偿机制。利益诱致是制度变迁的根本动因，完善土地征收、流转利益补偿机制，是优化农村土地管理制度的核心内容。农民利益得不到充分保障，必然会影响农民参与土地改革的愿望和热情，因此，需要建构并完善合理的补偿利益分享机制、退地农民社会保障体系和保护失地农民利益的法律体系。

第三，推动农地市场化进程。促进农地要素的合理流动，是实现土地适度规模经营和集约利用的根本前提。要完善配套政策体系，推进农地资本化，加快农地流转信托、土地入股、地票、农地抵押、农地金融等方面的制度创新，全面总结可复制可推广的经验。健全农地流转机制、规范农地市场运作，使土地市场化朝着有利于农业转移人口退出农地经营，并顺利融入城镇的方向演进。

第三章　中国特色社会主义土地理论的演变及其实践

第一节　中国特色社会主义土地理论的逻辑进路[①]

马克思主义土地理论,为社会主义国家土地理论的形成以及土地政策的制定提供了必不可少的理论依据。马克思主义土地理论中国化的发展有着鲜明的逻辑进路,即紧密地契合中国社会主义革命与建设的历史进程。随着社会经济的不断发展,中共历代中央领导集体着眼于新的时代要求和新的实践需要,不断丰富和发展马克思主义土地理论。

一、第一代中央领导集体对马克思主义土地理论中国化的理论探索

土地问题始终是中国革命与建设的基本问题。毛泽东将马克思土地理论与中国国情结合起来,开创了马克思主义土地理论中国化的先河,从而为新中国农业社会主义改造,促进工业化和农业现代化发展奠定了坚实的理论基础。

马克思恩格斯在研究东方农民土地问题时曾经指出,由于封建地主土地所有制的存在以及殖民主义的侵略,东方农民失去土地恶化了生存环境,也延缓了资产阶级民主革命的进程。因此,他们提出了消灭封建土地

① 本节内容已发表于《探索》2015 年第 4 期。

所有制，最终实现土地国有化的思想。毛泽东也深切体会到解决农民土地问题对中国革命的重要性。“中国的农民，连同雇农在内，约占农村人口百分之七十。贫农是没有土地或土地不足的广大的农民群众，是农村中的半无产阶级，是中国革命队伍的主力军。”① 封建土地制度是农村生产力发展的主要障碍，是中国社会经济贫穷落后的根源之一。因此，发动农民群众进行土地改革，废除封建土地所有，是新民主主义革命的一项主要任务。但是，毛泽东并没有完全照抄马克思土地国有化的思想。由于中国农民具有保守、狭隘的小生产者局限性，以及基于民主革命的性质和任务，毛泽东明确提出农民土地私有制的主张。“目前正是争取全国苏维埃胜利斗争中，土地国有只是宣传口号，尚未到实行阶段。必须使广大农民在革命中取得他们唯一热望的土地所有权，才能加强他们对于土地革命和争取全国苏维埃胜利的热烈情绪，才能使土地革命更加深入。”②

毛泽东将马克思主义与中国具体的革命实践结合起来，提出了新民主主义革命时期土地农民私有的思想观点，这是对马克思主义土地理论的创新和发展，与毛泽东提出的革命发展阶段论相适应的，同时也是毛泽东坚持实事求是思想路线的集中体现。新中国成立以后，中央人民政府颁布了《中华人民共和国土地改革法》，明确规定废除封建地主阶级土地所有制，实行农民土地私有制，实现了农民“耕者有其田”。农民土地私有制激发了广大农民的生产积极性，极大地解放了农业生产力，使新中国的农业生产得到较好的恢复和发展。

在建设新民主主义的实践中，毛泽东的农村土地思想发生了嬗变，并给中国农业与农村社会发展带来深刻的影响。随着土地改革的完成，土地问题基本上得以解决，如何尽快改变我国农村贫困落后的面貌成为新中国领导人亟待解决的紧迫问题。汪洋般的小农经济是中国农业走向现代化的最大障碍，以毛泽东为首的第一代中央领导集体，依据马克思主义农业

①　毛泽东：《毛泽东选集》第一卷，人民出版社1991年版，第211页。

②　武力、郑有贵：《解决“三农”问题之路——中国共产党“三农”思想政策史》，中国经济出版社2004年版，第121页。

合作化理论，结合我国的实际情况，大胆实践，走出了一条具有中国特色的农业社会主义改造道路。毛泽东践行了马克思土地公有化的思想，促使我国的土地政策从私有的农民土地所有制到土地农民私有、集体统一经营，再到完全的土地集体所有、统一经营的土地制度转变。土地所有制变革为农业社会主义改造的顺利完成创造了必要的制度前提。

毛泽东土地思想具有鲜明的时代特征，它是马列主义基本原理创造性地运用于中国特殊的历史条件和基本国情的产物。在它指导下，新中国的农业社会主义改造得以顺利完成，为社会主义农业与农村发展奠定了坚实的物质基础。当然，毛泽东的土地思想也存在局限性，尤其是在农村土地经营制度方面，脱离了当时农村生产力发展状况，实行“一大二公，政社合一”的农业合作化模式，使农业和农村发展迟缓，长期停滞不前，同时也严重挫伤了农民生产积极性。究其原因，在于背离了实事求是的指导思想。但尽管如此，毛泽东对中国农村土地问题的探索，开创了马克思主义土地理论中国化的先河，标志着中国化马克思主义土地理论的正式形成。

二、第二代中央领导集体对马克思主义土地理论的进一步发展

十一届三中全会掀起的中国经济体制改革是以农村实行家庭联产承包责任制为突破口，其实质就是农村土地制度的变革。邓小平继承了毛泽东土地公有化的思想，但也深刻认识到传统的高度集中的农业集体经济存在局限性，“1949 年取得全国政权后，解放了生产力之后，土地改革把占人口百分之八十的农民的生产力解放出来了。但是解放了生产力之后，如何发展生产力，这件事做得不好”[①]。管理过分集中和经营方式过分单一的农业合作化模式使农业生产力遭受严重破坏。在邓小平大力倡导和积极推动下，党中央决定对农业生产关系进行调整，逐步取消“政社合一”的农村经济体制，在农村开始实行土地集体所有、家庭承包经营的制度。

邓小平土地思想的核心是在坚持土地集体所有制前提下的家庭承包

① 邓小平：《邓小平文选》第三卷，人民出版社 1993 年版，第 255 页。

责任制，其途径是将高度集中、统一经营改变为以农户家庭承包经营为基础、统分结合的双层经营，把生产经营自主权还给微观行为主体，实现所有权与经营权的分离。包产到户后，农民完成了应交税收和定购任务及集体的提留、统筹后就可以占有其剩余劳动成果。这种新型的农业土地制度实质上是马克思土地所有权权能分离理论在中国的实践运用。“两权分离”的制度安排极大地释放了农村生产力，使农业生产大幅增长，解决了长期困扰我国的粮食供给问题。但是包产到户的小农经济也存在市场风险与自然风险抵御能力弱的内在缺陷，更重要的是并不合乎农业现代化的“产业化与集约化经营”之内在要求。对此，邓小平高瞻远瞩地提出了关于我国农业的改革和发展的“两个飞跃”的思想：“中国社会主义农业的改革和发展，从长远的观点看，要有两个飞跃。第一个飞跃，是废除人民公社，实行家庭联产承包为主的责任制。这是一个很大的前进，要长期坚持不变。第二个飞跃，是适应科学种田和生产社会化的需要，发展适度规模经营，发展集体经济。这是又一个很大的前进，当然这是一个很长的过程。”①

发展适度规模经营是实现农业现代化的必经之路，然而，小规模的家庭生产在客观上限制了土地规模经营的生存空间。因此，邓小平提出的“第二个飞跃”已经暗含着农村土地制度深化改革的逻辑，这也为后来农地流转制度的实践创新做了铺垫。家庭联产承包责任制的实施，为我国农业现代化开拓了新的路子，也为农村经济体制改革奠定了稳定的理论和实践基础。以邓小平为核心的第二代中央领导集体，坚持解放思想、实事求是的思想路线，把农村经济体制改革的实践经验进行理论总结，创造性地发展了马克思主义土地理论，并以此为指导，进一步推动农村改革和发展的进程。

三、十三届四中全会以来的历代中央领导集体对马克思主义土地理论的新发展

改革开放以来实行的家庭联产承包责任制，使我国农业农村经济进入

① 邓小平：《邓小平文选》第三卷，人民出版社 1993 年版，第 355 页。

一个快速发展的时期。然而，随着制度创新效率开始递减，以及经济体制改革重点从农村转向城市，从20世纪80年代中期开始，我国农村经济发展面临停止、徘徊的倾向，城乡收入差距逐渐拉大，由此引发了理论界和公众对农村土地政策走向的争论，一股否定家庭承包责任制的思潮也开始涌现。

十三届四中全会以后，以江泽民为核心的中央领导集体在领导改革开放和现代化建设的伟大实践中，延续了邓小平"坚持土地集体所有制前提下的家庭承包责任制"的土地思想，把坚持和稳定以家庭承包经营为基础的农村基本经营制度作为农村土地政策的基石，从1991年至1998年通过多个政策文件都强调要坚持家庭联产承包责任制（见表3-1），并于1998年以法律的形式规定了土地承包经营期限。这些政策法规无疑稳定了农民的长期预期，进一步巩固和发展了农村土地集体所有制。

表3-1 十三届四中全会以来农村土地政策与法规汇总表

时 间	名 称	涉及农地方面的论述
1991年11月	中共中央关于进一步加强农业和农村工作的决定	把家庭联产承包为主的责任制和统分结合的双层经营体制，作为乡村集体经济组织的一项基本制度长期稳定下来，并不断加以完善
1993年11月	关于当前农业和农村经济发展的若干政策措施	在原有耕地15年承包期到期后，再延长30年不变
1997年8月	关于进一步稳定和完善农村土地承包关系	要求各地在第二轮土地延包时一定要按中央规定执行，并且明确指出，土地承包期再延长30年，指的是家庭土地承包经营的期限
1998年8月	《土地管理法》（修订）	以法律的形式规定"土地承包经营期限为30年"
1998年10月	关于农业和农村工作若干重大问题的决定	要坚定不移地贯彻土地承包期再延长30年的政策；赋予农民长期而有保障的土地使用权

续表

时　间	名　称	涉及农地方面的论述
2002年8月	中华人民共和国农村土地承包法	以法律的形式规定“国家保护承包方依法、自愿、有偿地进行土地承包经营权流转”
2003年1月	中共中央国务院关于做好农业和农村工作的意见	各地要通过集体建设用地流转、土地置换、分期缴纳出让金等形式，合理解决企业进镇的用地问题
2003年10月	中共中央关于完善社会主义市场经济体制若干问题的决定	严格保护耕地和保护、提高粮食综合生产能力
2004年10月	关于深化改革严格土地管理的决定	在符合规划的前提下，村庄、集镇、建制镇中的农民集体所有建设用地使用权可以依法流转
2007年10月	中华人民共和国物权法	土地承包经营权人依照农村土地承包法的规定，有权将土地承包经营权采取转包、互换、转让等方式流转
2008年10月	中共中央关于推进农村改革发展若干重大问题的决定	稳定和完善农村基本经营制度；允许农民以转包、出租、互换、转让、股份合作等形式流转土地承包经营权，发展多种形式的适度规模经营
2013年1月	关于加快发展现代农业，进一步增强农村发展活力的若干意见	现有土地承包关系保持稳定并长久不变；改革农村集体产权制度，有效保障农民财产权利
2013年11月	中共中央关于全面深化改革若干重大问题的决定	稳定农村土地承包关系并保持长久不变，在坚持和完善最严格的耕地保护制度前提下，赋予农民对承包地占有、使用、收益、流转及承包经营权抵押、担保权能，允许农民以承包经营权入股发展农业产业化经营
2014年11月	关于引导农村土地经营权有序流转发展农业适度规模经营的意见	要坚持农村土地集体所有，实现所有权、承包权、经营权三权分置，引导土地规范有序流转
2015年1月	关于引导农村产权流转交易市场健康发展的意见	农村产权交易以农户承包土地经营权、集体林地经营权为主，农村集体土地所有权和承包权不得流转

“稳定家庭承包经营，核心是稳定土地承包关系”[①]，江泽民从政治的高度看待稳定土地承包关系的问题，决不允许用行政的手段任意剥夺农民的土地使用权。同时，他还从战略的高度重视耕地保护问题。随着工业化和城镇化发展，耕地流失日益严峻。实施“藏粮于土”战略，构建粮食安全保障体系，是我国解决13亿多人口吃饭问题的必然选择。1994年6月，江泽民在视察福建时指出，“保护耕地就是保护我们的生命线”，“切实保护耕地，确保农业的稳定，确保十几亿人的吃饭问题，这始终是一个战略问题，是全国发展中第一位的大问题，永远忽视和放松不得”。我国人口众多，适合于农耕的土地资源相对不足，因此保障我国土地资源安全具有特殊的现实意义。

党的十六大以后，以胡锦涛为总书记的中央领导集体进一步把耕地保护纳入中央经济工作的重要议程，使之成为新时期农村工作的主要任务之一。十六届三中全会通过的《中共中央关于完善社会主义市场经济体制若干问题的决定》明确提出“要实行最严格的耕地保护制度，保证国家粮食安全”。此后，胡锦涛、温家宝等中央领导也多次强调要建立和完善最严格的土地管理制度，坚持节约集约用地，这显然是与科学发展观的内在要求相一致的。

胡锦涛关于土地的思想与邓小平、江泽民土地思想是一脉相承的，同时又体现出与时俱进、求真务实的时代特征。从前面政策法规汇总表可以看出，进入新世纪以来，在强调稳定农村基本经营制度前提下，推动农地流转成为农村土地制度创新的重要方向。事实上早在1993年，江泽民就提出：“承包期内经发包方同意，在农民自愿、互利的原则下，土地使用权可以依法有偿转让”[②]的观点，但是在当时还没有形成社会各界普遍关注的议题。伴随着城镇化快速发展，农村社会流动和农民职业分化不断加剧，由此导致土地闲置浪费现象日益凸显，于是，以“保留承包权，转让使用权”为特

① 江泽民：《全面推进农村改革，开创我国农业和农村工作新局面》，《人民日报》1998年10月5日。

② 江泽民：《要始终高度重视农业、农村和农民问题》，《人民日报》1993年10月19日。

征的土地流转成为新时期农村土地制度创新的一个突破口。农村土地流转实现了土地所有权、承包权和使用权的“三权分离”，它是土地使用权市场化改革的重大实践，是前一轮地权改革（即土地所有权和承包经营权的分离）的延续和深化，实质上也是马克思土地所有权权能分离理论在中国的进一步运用和发展，从而为实现邓小平的“第二个飞跃”提供了制度保障。

党的十八大以来，以习近平为总书记的新一届中央领导集体，把握理论与实践创新的思想逻辑和历史经验，继续推进马克思主义土地思想中国化的当代发展。从2013年初发布的中央一号文件以及党的十八届三中全会通过的《中共中央关于全面深化改革若干重大问题的决定》可以看出，稳定农村土地承包关系仍将是未来很长一段时间内必须坚持的指导原则。在稳定和完善农村基本经营制度的前提下，将加快土地产权制度的优化，保障农民土地财产权利，同时推进土地合理有序流转，为农业现代化创造条件。

第二节　中国特色社会主义土地理论的当代实践

马克思主义土地理论中国化发展，形成了具有中国特色的社会主义土地理论。在不同时期的理论引领下，经过六十多年的发展与完善，我国已经建立起一套比较完整的政策法规体系，有力地推动了我国农业与农村经济的持续发展。在新一轮农村土地制度改革正在全国掀起之际，总结过去改革实践经验，梳理存在的问题，对深化农村综合改革，促进城乡一体化发展具有现实的指导意义。

一、实践的历程

新中国成立以来，在马克思主义土地理论的指导下，我国农村土地制度经历了四次的重大变革[①]：

① 王景新：《中国农村土地制度的世纪变革》，人民网（理论频道）2010年1月29日。

第一次，土地改革（1949.9—1953年春）。以“实现耕者有其田”为目标，全面展开土地改革，土地改革产生的深刻影响了当时农业的生产与发展，调动了农民的生产积极性，粮食产量迅速增加。

第二次，互助合作运动中的土地制度变革（1953—1957）。由于小农经济的生产社会化与专业化程度都很低，使得新中国的农业生产遇到了巨大的困难，在此背景下走农业合作化道路成了当时农村土地制度变革的必然趋势。于是在这一阶段，以改变小农经济为目标，积极推动农村土地制度由农户私人所有制逐渐向社区（高级社）集体公有制转变。

第三次，公社体制下的集体所有、统一经营的制度安排（1958—1978）。受“大跃进”和人民公社化运动影响，农村生产关系急速高级化，公社对土地进行统一规划、统一生产、统一管理，实行平均主义的“按劳分配”，实现公社体制下的农村土地三级所有制度。

第四次是“集体土地、家庭承包经营”改革（1979—今）。在农民自发制度创新与国家强力推行下，形成了农村土地集体所有、家庭各自承包的新型土地制度。家庭承包责任制是在土地集体所有制框架下，实现了所有权与承包经营权的“两权分置”，农民凭借自己占有的土地承包经营权，重新优化资源配置，生产积极性高涨，大大提高了农业劳动效率和粮食生产能力。现阶段，在坚持集体土地家庭承包经营长期不变的前提下，努力推进所有权、承包权与经营权的“三权分置”，允许农户在承包期内依法、自愿、有偿转让土地经营权，创新土地流转制度，提高农地的配置效率。

二、实践的基本经验

首先，在指导思想上，只有坚持解放思想、实事求是的思想路线，才能制定出一套符合客观实际的土地政策。毛泽东对马克思土地公有思想犯了教条式错误，过早地消灭个体经营，坚持“一大二公”、“政社合一”的农村集体所有制，由此陷入了农业全面落后、农民集体贫困的境地。改革开放以后，邓小平坚持解放思想、实事求是，改变了过去土地产权关系高度统一的土地制度，在坚持集体所有制前提下实行家庭联产承包责任制，从而使中国农村发生了巨大变化。此后的历届中央领导集体也根据时代和实践的变化，不断对家庭联产承包责任制进行巩固和完善，并作为农村的基本经营制度最终确立下来。历次的实践经验可以证明，能否坚持实事求是思想路线，就决定着能否制定一种切合时代发展的土地政策。

其次，在改革目标上，必须把解放和发展农村生产力作为制度变迁的根本任务。毛泽东按照马克思"废除土地私有制"的基本原则，建立了农村土地集体所有制。但是，高度集中的管理模式和过分单一的经营方式，抑制了农民生产积极性，导致了农村生产力水平低下，农业生产长期处于停滞阶段。邓小平认为，"马克思主义的基本原则就是要发展生产力"，而毛泽东"有一个重大的缺点，就是忽视发展社会生产力"。[①] 因此，邓小平把解放和发展农村生产力作为一项根本任务来推进农村土地制度的变革，突破"一大二公"的单一所有制格局，实现了土地公有制形式的多样化，极大地推动了农村生产力的发展。当前，中国农村生产力的发展水平还很落后，新一轮农村土地制度改革也必须围绕着解放和发展生产力这个根本任务而展开。

最后，在利益取向上，必须保障农民的土地权益，尊重和维护农民的主体地位。尊重农民的权益和意愿是中国六十多年来革命和建设实践中的一条宝贵的经验总结。邓小平倡导的家庭联产承包责任制实现了土地所有权和经营权的分离，赋予农民经营自主权和市场主体地位，从而有效发挥了农民的积极性和创造性。此后，政府出台了一系列政策法规稳定了农村土地承包关系，保障了农民土地承包经营自主权。随着市场化改革的深入，农村土地权益进一步分化，农民可以利用土地使用权的转让、转包、入股、出租等流转形式获得土地收益，农民土地权益得到了新的拓展和体现。经过改革开放三十多年的制度变迁和市场经济的发展，农民的生产决策能力在不断提高，权益意识也不断高涨，因此，在新一轮的农村土地制度改革中，要把尊重农民的权益和意愿贯彻始终，并作为检验改革成效的标准。

---

① 邓小平：《邓小平文选》第三卷，人民出版社 1993 年版，第 116 页。

三、存在的问题

纵观我国农村土地制度的演变轨迹,农村土地所有制形式发生了两次重大的变迁,以1956年农村推行高级生产合作社为分界点,经历了农民土地所有制与土地集体所有制两个阶段。从实践来看,集体土地所有权主体"虚置"或"虚位"是我国社会主义土地理论实践中存在的最大问题。尽管在我国在《宪法》、《民法通则》、《土地管理法》以及《农业法》等重要法律中都规定了农村土地所有权权属问题,即"中国农村的土地归农民集体所有",但是,对"集体所有"并没有给予明晰的概念界定,也没有明确地界定"农民集体"的边界,这就造成了"产权主体模糊、权属关系不清"等现象。一方面,农地"产权主体模糊",所有权权能欠缺,阻碍了土地作为一种资本要素的市场流动,影响了农地流转的速度与规模,进而不利于现代性农业的生成;另一方面,"权属关系不清"使得农民权益得不到切实的尊重与维护,从而也导致了农村社会"维稳成本"的高企和农民对地方政府权威的不信任。实现农业现代化和维护社会稳定是党的十八大确定的奋斗目标,也是践行科学发展观和构建和谐社会的题中之义。因此,在新时期新形势下推进农村土地制度的深化改革有其内在的逻辑必然性。

第四章 农村土地管理制度优化的现实基础

第一节 城镇化与农民市民化进程中农村土地问题

新中国成立六十多年来,我国农业和农村经济发展实现了历史性的跨越,这是农村土地制度不断演进的结果。然而,随着农村社会流动和农民职业分化不断加剧,农村土地制度运行的宏观背景已悄然发生变化,其结果导致了土地资源配置效率受到严重扭曲。当前,随着城镇化与工业化的快速发展,我国农村土地问题日益突出,具体表现在如下几个方面:

一、可利用耕地存量和质量呈双双下降趋势

中国耕地面积排世界第四,仅次于美国、俄罗斯和印度,但人均拥有耕地面积仅 1.4 亩,还不到世界人均耕地面积的一半,排在 126 位以后。总体来看,我国农村土地资源丰富,类型多样,具有鲜明的特征:山地多,平地少,耕地比重少;农业用地绝对数量多,人均占有量少;各类土地资源分布不均,土地生产力地区差异显著(如图 4-1 所示,水田主要分布于长江以南东部地区,而华北地区以旱地为主)。改革开放以来,伴随着工业化与城镇化发展,我国农村可利用耕地面积在不断减少, 18 亿亩耕地红线岌岌可危。

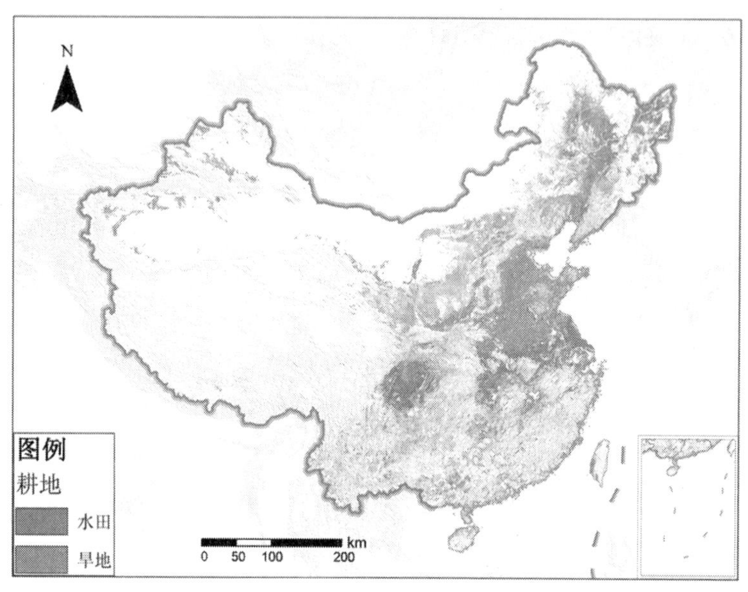

图 4-1 中国 2008 年耕地资源分布图[①]

根据有关部门统计的数据[②],1978—1997年累计增加耕地17100万亩,累计减少24075万亩,两者相抵,净减少6975万亩,占耕地总面积的3.5%,相当于整个江苏省的耕地面积。这段时间平均每年净减少耕地375万亩,而在此前的十年(1968—1978)间,平均每年净减少240万亩,速度明显加快。[③] 1998年以后,中国耕地面积仍然呈不断减少的趋势。国土资源部公布的全国土地利用变更调查结果显示,截至2008年12月31日,全国耕地面积为18.2574亿亩,又比上一年度减少29万亩。这已经是耕地面积第12年持续下降。与1996年的19.51亿亩相比,12年间,中国的耕地面积净减少了1.2526亿亩,中央农村工作领导小组办公室主任陈锡文曾表示,中国目前耕地面积超过1亿亩的省份只有五个,相当于减少了一个大省。[④]

① 资料来源:地理国情监测云平台。http://www.dsac.cn/.

② 国家统计局:《中国统计年鉴(1979—1998)》,中国统计出版社1979—1998年版。

③ 李秀彬:《中国近20年来耕地面积的变化及其政策启示》,《自然资源学报》1999年第10期。

④ 张艳玲:《2008年中国耕地面积净减29万亩》,财经网2009年2月26日。

如图 4–2 所示，自 1998 年至 2008 年，我国耕地总面积在不断减少，已经逼近 18 亿亩耕地红线。①

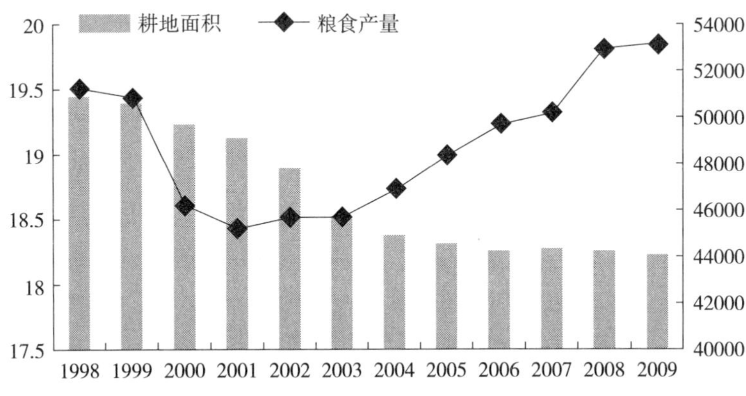

图 4–2　1998—2009 年中国粮食生产总量和耕地面积变化情况 ②

根据 2013 年《中国国土资源公报》，自 2009 年至 2012 年，全国耕地总面积仍然呈现不断下降趋势。如图 4–3、图 4–4 所示，尽管由于调查标准与技术方法的改进，耕地总面积上调到 20.31 亿亩，但是实际存量并无增加，耕地保护形势依然严峻。从 2009—2012 年，耕地的增减变化总体态势是：增加的少，而减少的多，如在 2012 年，增加耕地面积 482.7 万亩（32.18 万公顷），减少 603 万亩（40.20 万公顷），净减少 135.3 万亩，占耕地总面积的 0.07%。

从图 4–2 可以，由于加大了农业科技投入，自 2004 年开始我国粮食产量连续增加，至 2014 实现了“十一年增”。尽管产量的增加有助于缓解我国粮食供需矛盾，但应该看到，由于国内粮食需求出现刚性增长，且需求多样化日趋明显，除了满足于口粮，工业和其他方面的用粮也在迅速增加，从

① 2014 年底公布的第二次全国土地调查结果，全国耕地面积共 20.3 亿亩，比此前数据多 2 亿亩，有舆论认为，保护 18 亿亩耕地红线的压力有所减轻。账面面积数字增加了，但是实际的耕地面积还是这么多，多出 2 亿亩的耕地，主要是受调查标准和技术方法改进的影响，不是说耕地就增加了。

② 资料来源：何福平、胡金华：《农村劳动力老龄化对我国粮食安全问题的影响》，《求索》2010 年第 11 期。

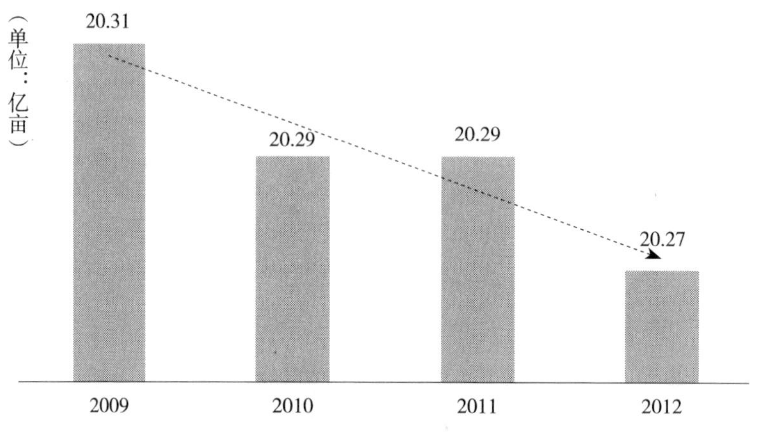

图 4–3　2009—2012 年全国耕地面积变化情况

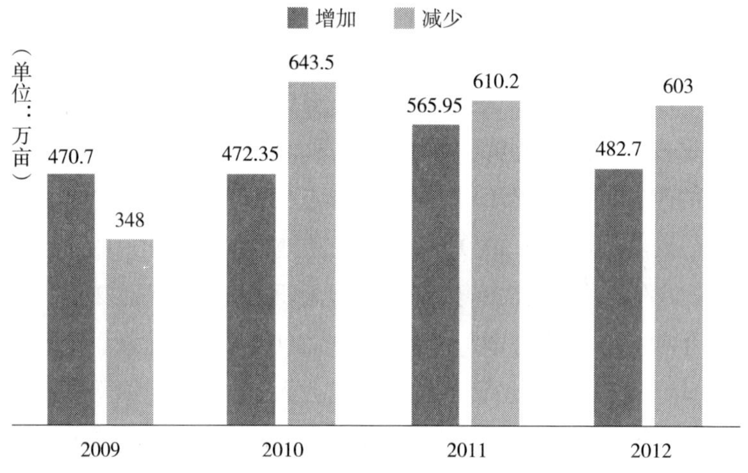

图 4–4　2009—2012 年耕地面积增减变化情况

而导致了我国粮食对外依赖性不断增加，如从 2004 年开始，中国粮食出口量锐减，而进口量大幅增长（如图 4–5）。至 2014 年，中国进口粮食总量更高达 1 亿吨，达到历史最高。目前，中国三大主粮作物净进口呈现常态化趋势。国内粮食进出口受到国际市场的影响越来越大，尤其是大豆、棉花等农产品对外依存度较高的品种，受到全球农产品价格上涨影响更加明显，有引发输入型通胀之虞。全球每年粮食国际贸易量约2.5亿吨，仅相当于我国粮食年消费量的1/2。虽然我们可能有足够的外汇进口粮食，但是如果过度地依赖进口，不仅可能出现受制于人的窘况，而且会对世界粮食市场产生很大冲击，将使世界进入粮食短缺时代，并对世界其他低收入和贫粮国家构成威胁，甚至引发政治动荡及国际争端，影响世界和谐。

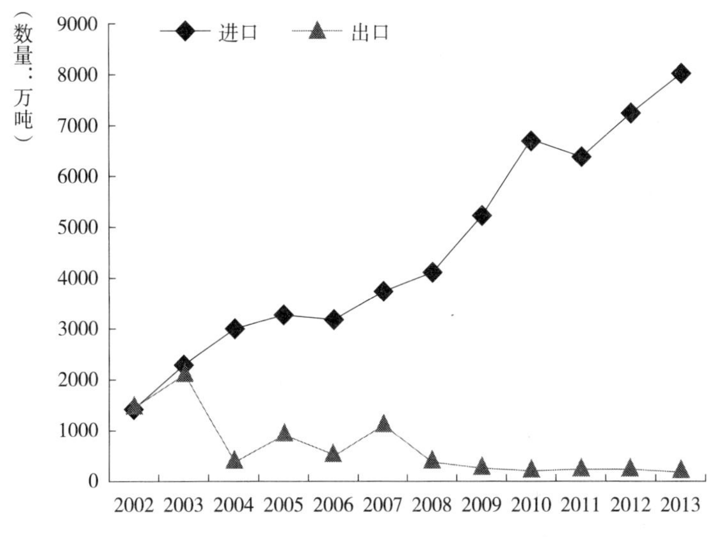

图4–5　中国粮食进出口变化趋势图[①]

除了面积绝对数量在下降，耕地质量也在恶化。耕地，作为粮食生产的命根子，正遭受着污染、退化的困扰。根据农业部发布的《全国耕地质量等级情况公报》显示，目前我国耕地退化面积占耕地总面积的40%以上，出现东北黑土层变薄，南方土壤酸化，华北平原耕层变浅等问题；土壤有机质含量下降，特别是一些补充耕地质量等级较低等问题，都严重影响了耕地的产出。另据环保部调查，目前受污染的耕地约有1.5亿亩，固体废弃物堆存占地和毁田200万亩。耕地质量堪忧，主要是重金属和有机物污染。耕地污染不仅导致土壤理化性状变差，影响作物生长发育，降低耕地生态功能和

① 根据《中国农村统计年鉴（2014）》相关数据整理制作而成。

生产能力，而且在土壤中积累、在作物中残留，也影响农产品质量安全。

保障粮食安全对中国来说是永恒的课题，任何时候都不能放松，习近平多次强调，“把饭碗牢牢端在自己手上”、“饭碗里要装自己的粮食”、“要依靠自己保口粮”。显然，保障粮食安全对中国的经济社会发展具有重大的战略意义。保障粮食安全，关键是要增强我国的粮食生产能力，切实保护好耕地存量和质量。既有研究充分表明，耕地因素仍然是影响我国粮食安全的关键变量。尽管技术、化肥、人力资本及其他中间投入的增加有助于弱化耕地流失对粮食生产的负面影响（E. Lichtenberg & C. G. Ding, 2008），但在诸多影响粮食产量的因素中，土地播种面积和成灾面积是最为关键的变量（石磊，1999；郭淑敏等，2007；綦校海等，2009；庄道元等，2010）。在技术和资本无法替代土地的情况下，保持耕地数量和质量的基本稳定是实现我国粮食产量相对稳定的根本前提。

可利用耕地存量和质量呈双双下降趋势，对我国粮食安全保障构成严重威胁。综合来看，我国耕地变化的驱动力主要表现在如下几个方面：

（一）农村劳动力减少导致耕地荒废

随着农村空心化、人口老龄化趋势的不断加快，我国农村耕地荒废问题日益凸显。这既造成了土地资源配置效率的下降，也危及到我国的粮食安全和经济的全面健康发展。尽管到目前为止，全国耕地荒废面积尚未有一个权威的统计数据，但是不少地方关于土地荒废情况的调查及其数据的发布也足以让我们对耕地荒废的整体情况有个大致的了解。针对耕地荒废的原因，国内学术界已做了较全面的分析，如郗鼎玖（2000）、张斌（2001）、谭术魁（2004）、王学斌（2007）、曹志宏（2008）、马国忠（2008）、王为民（2008）、常伟（2011）等认为农村劳动力转移、农业比较效益低下、耕地质量差、生产条件落后以及土地流转机制不健全等因素是造成农村耕地撂荒现象发生的主要原因。

众多研究都指明，农村劳动力减少是造成我国大量耕地处于被撂荒状态的关键原因，尤其是在地处偏远，基础设施落后的地区，由于流转不畅，耕地长期荒废现象较为普遍。从表 4-1 可以看出，自 2004 年开始，尽管农村从业人员有不断增加趋势，但第一产业从业人员人数在不断减少，所占比重也在不断下降。

表 4–1　2004—2012 年农村各类劳动力变动趋势（单位:万人、%）[①]

年　份	乡村从业人员	乡村男性从业人员	乡村女性从业人员	农林牧渔业从业人员	第一产业从业人员比重（%）
2004	49695.28	26525.77	23169.51	30596.00	61.6
2005	50386.26	26930.55	23456.71	29975.54	59.5
2006	50976.81	27293.04	23683.77	29418.41	57.7
2007	51435.74	27508.06	23927.68	28640.68	55.7
2008	52025.64	27834.90	24190.75	28363.60	54.5
2009	52599.30	28186.33	24412.97	28065.26	53.4
2010	53243.93	28573.55	24670.39	27694.77	52.0
2011	53685.44	28752.05	24670.39	27355.42	51.0
2012	53857.88	28847.00	25009.91	27032.25	50.2

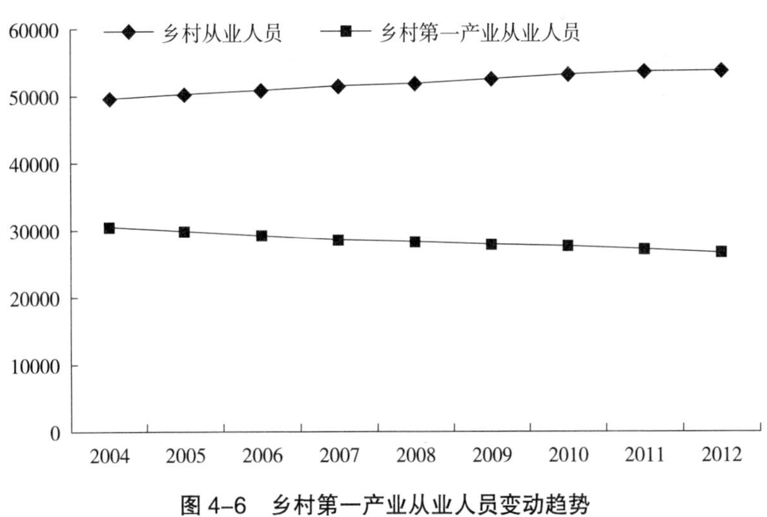

图 4–6　乡村第一产业从业人员变动趋势

① 数据来源:中华人民共和国国家统计局年度数据（乡村从业人员）。

大量青壮年劳动力从农业经营领域退出，由第一产业向第二、三产业转移，土地基本都留给了家中老人或妇女耕种。这种现象导致了农业劳动力下降，对农业生产产生的负面影响已经逐渐凸现出来。由于我国农村人多地少现象普遍存在，受地理条件和农业生产条件限制，种田始终是一种劳动密集型的体力活，而留守老人或妇女根本无力承受耕种劳动强度，于是农田抛荒或部分荒废现象开始蔓延。传统农民以种粮为“主业”已演变为“副业”，种粮兼业化已成为趋势。由于兼业型农民对农业生产不像纯农户一样重视，在劳力和资本方面往往投入不足，这就使得土地产出率在下降，长此以往必然会损害耕地的土质和肥力，也阻碍了农村土地的规模利用和农业生产效率的进一步提高。

（二）城镇化与工业化发展导致大量的农地非农化

农地非农化是指上地由农业用途转为非农业用途，也就是农业用地转为非农建设用地，在我国主要是指城乡结合部的农地由农村转向城市，由农业用途转向非农业用途。农地非农化主要有如下三种途径：农业用地转为国家建设用地；农业地转为集体建设用地以及农业用地转为农村个人建房。在这三种途径中，城市化进程中的农地非农化主要是指农用上地转为国家建设用地，其实现途径主要是土地的征用。

工业化和城镇化是一个国家从传统社会走向现代社会的必经之路。中国自改革开放以来，伴随着城镇化进程的推进，大量土地从农业部门转移至非农业部门。据统计，1978—2003 年间，全国共有 7052.25 万亩耕地转变为非农用地，平均每年就有 440.7 万亩农地非农化①，而且农地非农化有不断加快的趋势，短期内无法逆转。如图 4–7 所示，2006—2013 年各级政府（包括中央政府和省级政府）批准建设用地几乎在逐年增加，2012 年全年批准建设用地 61.52 万公顷（922.8 万亩），其中转为建设用地的农用地 42.91 万公顷（643.65 万亩），耕地 25.94 万公顷（389.1 万亩），同比

① 陈江龙、曲福田、陈雯：《农地非农化效率的空间差异及其对土地利用政策调整的启示》，《管理世界》2004 年第 8 期。

分别增长 0.6%、4.5%、2.5%。[①] 2013 年批准建设用地有所下降。按照《全国土地利用总体规划纲要》，2000—2030 年的 30 年间，我国城镇化导致的农地非农化还将超过 363.33 万公顷。[②]

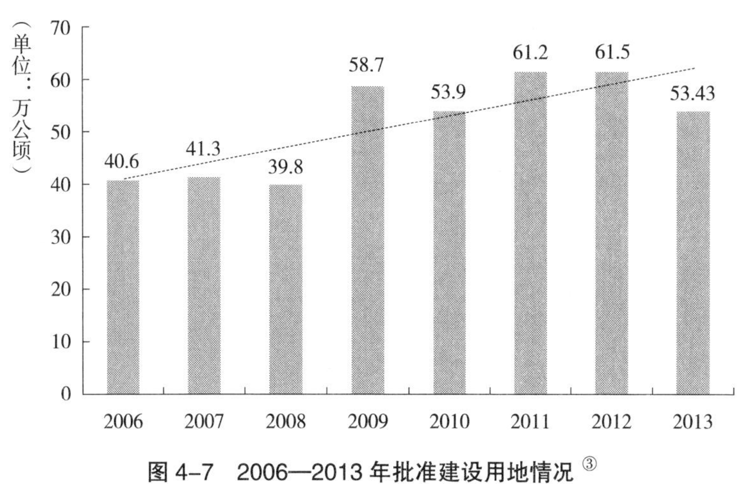

图 4–7　2006—2013 年批准建设用地情况 [③]

伴随着工业化和城市化发展，一国土地由农业部门转向非农业部门，这是世界各国经济发展的普遍规律，西方发达国家都曾经出现和正在发生农地非农化的现象。例如，日本从 1950 年到 1979 年，城镇化占用的优质耕地为 133 万公顷 [④]；加拿大在 1966—1986 年间，在被监测的 70 个城市集中区（UCRS）就有 30 万公顷农地被开发为城市用地。[⑤] 毋庸置疑，改革开放以来，大量的农地非农化为推进我国工业化和城镇化进程提供了必不可少的动力源，但是，鉴于我国粮食安全的战略

① 陈江龙、曲福田、陈雯：《农地非农化效率的空间差异及其对土地利用政策调整的启示》，《管理世界》2004 年第 8 期。

② 王定祥、李伶俐：《城镇化、农地非农化与失地农民利益保护研究——一个整体性视角与政策组合》，《中国软科学》2006 年第 10 期。

③ 资料来源：《2013 年中国国土资源公报》，中华人民共和国国土资源部网站。

④ 张文奎等：《日本农业地理》，商务印书馆 1978 年版，第 63 页。

⑤ Van kooten, *Land Resource Economics and Sustainable Development: Economic Policies and the Common Goods*, UBC Press, 1993.

需求,以及农民市民化发展滞后的客观事实,农地非农化“过快”、“过多”必然会造成失地农民土地权益流失、农村社会矛盾激化等负面后果。

(三)生态退耕减少了耕地存量

生态退耕主要包括退耕还林、退耕还草、退耕还水等三个方面,是中国政府为合理利用土地资源、再造秀美山川、维护国家生态安全,实现人与自然和谐共进而实施的一项重大战略决策。长期以来,由于人们盲目开荒种田,造成严重的水土流失,破坏了生态环境,形成了生态环境恶化与贫困的恶性循环。实施生态退耕,改变了农民传统的粗放式的耕种习惯,不仅从根本上保持水土,改善生态环境,提高现有土地的生产力,而且有助于调整农业产业结构,促进土地集约化经营,提高当地群众的收入水平。

生态退耕直接的后果是减少了存量的耕地面积。如表4–2显示各地区各要素在生态退耕前期(1999—2003)和后期(2004—2008)对耕地面积减少影响的百分率。在生态退耕前期,按影响耕地减少要素分析,生态退耕占绝对优势,为68.1%,其次是结构调整,为19.0%;从分地区来看,西部地区耕地减少面积所占比重最大(56.7%),其中生态退耕对该地区耕地减少贡献率达到65.9%,而东部仅有11.7%,建设用地对东部地区耕地减少影响最大。在生态退耕后期,按影响耕地减少要素分析,生态退耕仍然占优势,但是已经降为36.4%[①];从分地区来看,在生态退耕后期,东部耕地减少所占比重最大,其中建设用地影响最大;而生态退耕对西部耕地减少影响仍为最大,达到62.1%。

---

① 王秀红、申建秀:《中国生态退耕重要阶段耕地面积时空变化分析》,《中国农学通报》2013年第29期。

表 4-2　各地区各要素对耕地面积数量减少的影响　（单位:%）[①]

时　期	地　区	耕地减少				
		建设占用	生态退耕	灾毁耕地	结构调整	总减少
前　期	东部	57.1	11.7	26.7	39.3	22.0
	中部	22.7	22.4	17.9	17.5	21.4
	西部	20.2	65.9	55.5	43.2	56.7
	总计	10.2	68.1	2.7	19.0	100.0
后　期	东部	53.5	19.0	32.0	67.8	44.4
	中部	24.4	18.8	13.1	8.4	16.9
	西部	22.2	62.1	54.9	23.8	38.8
	总计	27.8	36.4	4.8	31.0	100.0

可见,不论是在生态退耕的早期还是后期,生态退耕都对耕地变化起主要作用。总体而言，1999—2007 年中国耕地大幅减少的主要原因是生态退耕。2007 年后生态退耕速度放缓,耕地数量减少的幅度逐渐下降。政府通过生态退耕这一举措初步达到了保护生态和提高农牧民生产与生活水平的双重目的。但应当看出,中国土地生态系统总体恶化的局面还没有得到完全改变,还要通过退耕还林、还草和还水措施的进一步落实与生态系统的逐步形成与恢复,其生态效应才会进一步显著。

二、产权碎片化严重影响了土地利用效率

所谓“碎片化”,原意为完整的东西破成诸多零块。产权碎片化,顾名思义,就是原本较为完整的某项产权由于种种原因分散成众多细小的产

① 王秀红、申建秀:《中国生态退耕重要阶段耕地面积时空变化分析》,《中国农学通报》2013 年第 29 期。

权。产权碎片化是当今社会的一种普遍现象,该现象有助于社会分工的深化和产权利用途径的多样化,但同时也给资源的有效利用造成不良的影响。从经济学的角度来看,高级的资源利用通常需要将多项较低级别的产权整合成一,如果每一项低级别的资源都有所有人,交易当事人众多,那么整合为一项财产的交易成本无疑很高。"产权越是独占和完整,资源配置越有效,当交易费用极高,产权的独占性会排斥产权的转移,这时会降低资源配置的效率。"① 由此可见,产权碎片化越严重,整合成完整产权的交易费用也越高,从而资源配置的效率也就越低。

以十一届三中全会为标志掀开了中国经济体制改革的序幕,而中国经济体制改革发端于农村土地经营制度的变革。在中央政府的积极支持和大力倡导下,农村开始实行土地集体所有、家庭承包经营的制度。以农村集体土地所有权与经营权分离为主要特征的家庭联产承包责任制是中国农民的伟大创造,是农村经济体制改革的产物。这种"两权分离"的制度安排激励了农民种粮的积极性,解决了长期困扰我国的粮食供给问题。农村土地制度的变革极大地释放了农村生产力,但中国的农村土地从此也进入了碎片化时代。三十多年来,随着农村人口的递增,历经一两代之后,土地产权逐渐出现碎片化的现象。原来只有一户的土地产权,被分割成几户的细小产权。

土地碎片化,既降低了耕作效率,固化了小农生产的局限性,也阻碍了农村土地流转,使得土地资源的规模效益无法充分发挥出来。这便是当前农村土地经营中面临的关键问题。打破农村土地产权碎片化困局,创新农村土地管理制度是必然的路径。其中关键的环节是,在保持农村基本经营制度的前提下,通过强化农地产权功能,推动农地使用权的商品化和资本化进程,加快农地流转速度。

① [美]理查德·波斯纳:《法律的经济分析》(上),蒋兆康译,中国大百科全书出版社 1997 年版,第 42 页。

三、农地流转加速，但总体上仍处于较低水平

近年来全国承包耕地流转比例提高幅度逐年扩大,截至2014年6月底,中国全国农村承包耕地流转面积达3.8亿亩,占承包耕地总面积的比例提高2.8个百分点至28.8%。农村土地流转总体上表现出流转速度加快、流转类型多样、流转主体多元化的趋势。但是也存在一些不容忽视的问题:

首先,农地流转区域差异较大。既有研究表明,土地区位、灌溉条件会影响农地流转的发生率,目前,农地流转主要集中在区位条件较好、基础设施较为完善的区域,而地处偏远的农村腹地,灌溉条件较差或细碎化严重耕地,由于农业生产管理比较困难,农业生产成本较高,企业或农户转入意愿较低,因而农地流转发生的概率也较低。

其次,农地流转期限短期化较为普遍。由于土地流转价格形成机制不健全,且农户对农地流转价格上升的预期,致使各地土地流转期限多在五年以下,合同一年一签现象较为普遍。流转期限短期化抑制了生产经营者资本投入开展农田基础设施建设的意愿,从而诱使生产经营短期行为的产生,造成农田被过度利用及耕地贫瘠化局面。

再次,农地流转非农化现象严重。农地非农化是指土地由农业用途转为非农业用途,也就是农业用地转为非农业用地即建设用地,在我国主要是指城乡结合部的农地由农村转向城市,由农业用途转向非农业用途。近年来,随着土地流转速度加快,大量工商资本进入农村,一些地区土地流转非农化现象严重。对此,中央曾多次明确表示,鼓励和支持流转土地用于粮食生产,遏制"非粮化",严禁"非农化",决不允许借土地流转之名搞非农建设。但是,由于缺乏有效的监管机制,浪费农地资源、改变农地用途等违法违规行为屡禁不止,有不断恶化的趋势。

最后,土地权属不清、承包政策落实不到位影响流转的速度和规模。我国宪法和法规都明确农村土地的产权主体是"农民集体",但是"农民集体"的边界是什么?至今没有一个权威的界定。由于产权主体模糊,导致了农民主体地位的散失,在土地管理实践中,公权力往往凌驾于"农民

集体”之上，成为事实上的产权代表和执行主体，侵害了农民主体地位，也损害了农民合法的土地承包权益。土地产权权属不清影响了农地要素的市场流动性和可交易性，最终影响到农地流转的速度与规模。

由于存在上述问题，近年来我国农地流转虽然有加快的趋势，但总体上仍处于较低水平，与农民职业非农化发展相比，农地流转进程还是相对滞后的，也与农业现代化发展要求不相适应。由于法律规定“任何组织和个人不得强迫或者阻碍承包方进行土地承包经营权流转”，只要承包农户不同意土地流转，土地流转就无法进行，农地流转的内在驱动力不足，致使耕地荒废现象逐渐蔓延。

四、农民土地权益流失严重[①]

新时期，我国农民土地权益流失问题已成为影响农村社会和谐稳定的主要因素。从实践来看，农民土地权益流失主要体现在以下几个方面：

首先，农村土地流转中农民利益流失问题。农地流转实现了土地所有权、承包权和使用权的“三权分离”，它是土地使用权市场化改革的重大实践，从而促进了农地资源的优化配置，有利于实现农业规模化和集约化经营。但是，由于农地流转市场体系不完善导致了农民利益的流失。目前，我国还没有形成一个健全的土地流转市场体系，尚未建立公平合理的价格体系以及与之相配套的社会服务体系。由于农民获得资讯的渠道较为狭窄，在信息不对称的市场博弈环境下，他们一般不了解土地的真实的市场价值，无法判断土地的增值前景，因而往往得不到与市场价值相当的利益补偿，也难以对农地转入方提出分享土地增值收益的合理要求。在另一方面，服务于农地流转的中介组织的缺失造成了土地供求双方信息不畅，这不仅影响了农地流转的速度与规模，也增加了土地流转的交易费用，从而导致了农民净福利的损失。

其次，农村土地征收或征用过程中农民利益流失问题。基于公共利益

---

① 该小节内容已发表于《福建农林大学学报》（哲学社会科学版）2014 年第 3 期。

需要，在进行合理的经济补偿情况下征用或征收农村土地，是世界各国通行的做法。我国每年都有大量的农村土地被征用或征收，与此同时，农民由于土地权益受侵害而上访的事件时有发生，由征地引发的矛盾是造成农村“维稳”成本高企的主要原因。现行的法律法规都规定了征收或征用农地必须给予农民适当的利益补偿，但由于补偿制度不公，极大损害了农民的合法权益，农民利益流失问题相当严重。土地作为一种不可再生的资源，其价值不是由历史成本或曾经的用途及产出价值来决定的，而是取决于未来收益的折现。在市场经济比较发达的国家，征用土地补偿标准的确定既要按照土地现期的市场价值，同时也要考虑到土地的预期收益。① 而目前我国征地补偿一般按被征用土地原来的用途和经济产出来计算的，其结果必然导致土地权属在转移过程中形成巨大的土地收益与对失地农民过低的补偿之间矛盾。

最后，农村土地承包权退出环节的农民利益流失问题。一部分农民由于升学或户口迁出，国家制度规定户口随人走而丧失了农村土地承包经营权。尽管《土地承包法》规定农民有自愿放弃承包土地的权利，但是没有明确应该给予退地农民相应的补偿以及补偿的标准，只是规定承包方对其在承包地上投入而提高土地生产能力的，有权获得适当的补偿。合理补偿机制的缺失，一方面剥夺了已退出土地承包权的农民正当的补偿收益；另一方面，也使得已实现非农就业或已迁移到城镇里的农民不愿意放弃农地，即使土地长期荒废，也不愿意退出土地承包权。在保留土地承包经营权的基础上去谋求非农产业更多的收益，成为广大农民在现行的制度约束下的理性选择，此现象固化了农民同土地之间的“脐带”关系，不仅阻碍了农民市民化进程，也制约了农地的集约利用和规模化经营。

---

①　陈明：《农地产权制度创新与农民土地财产权利保护》，湖北人民出版社 2006 年版，第 128—129 页。

第二节　中国农村土地管理制度主要特点及存在问题

一、农村土地管理制度主要特点

农村土地管理制度是农村经济的基础,制度设计的科学性与合理性是影响农业与农村经济健康发展的关键变量。鉴于我国人多地少的基本国情,我国农村土地一直被赋予生产与保障的双重功能,一方面,通过土地的开发与利用,保障我国粮食安全,以及为工业化发展提供必不可少的能源和原材料;另一方面,农民通过对土地的经营,包括纯粹的土地本身经营和对土地产出物的经营,获得经营性收入,从而为农民及家庭生活提供了基本保障。可见,目前我国的农村土地管理制度的功能主要体现在经营性和保障性功能上,而市场交易功能明显不足。综合而言,我国农村土地管理制度具有如下特点:

第一,农村土地集体所有制与城市土地国有所有制一道构成了具有中国特色的“二元”产权制度。农村土地产权的主体是农民集体,因而,从理论上来讲,农民集体应该是农村土地管理的主体。

第二,农村土地集体所有制采取的是社会主义集体经济组织所有制的形式。集体土地所有权可以通过征收或征用的形式实现土地所有权转移。

第三,农村土地经营制度实现家庭联产承包责任制。土地承包经营权是一个不很完整和明晰的土地使用权;由于农地资源的频繁调整和行政性配置导致土地承包经营权不稳定;在不改变农地用途的前提下,土地使用权可以有条件转让。

第四,农村建设用地使用审批制度。乡镇企业建设、乡(镇)村公共设施、公益事业、农村村民住宅等乡(镇)村建设,应当符合乡(镇)土地利用总体规划;符合土地利用年度计划;符合村庄和集镇规划;坚持合理布局,综合开发,配套建设;涉及农用地的依法办理农用地转用和用地审批。

二、农村土地管理制度存在的主要问题

现行的农村土地管理制度存在的问题主要体现在农地承包经营权、宅基地、农村集体建设用地及征地制度等四方面：

一是农地承包经营权制度方面，尽管经过确权后强化了农户对土地的产权，但是由于农村集体经济组织成员法定人口增减变化，导致产权碎片化有加剧的趋势，从而影响了农地合理流转，降低了农地集中和规模经营的程度。同时，对农户农地处置权、抵押权、担保权、继承权等权能的赋权不够，尚未从法律层面来支持农地产权的权能建设；

二是农村宅基地制度方面，普遍存在农户宅基地取得困难、粗放利用和退出不畅等问题。当前我国农村出现的大量空置房、荒废老宅基地、一户多宅等现象，造成土地资源浪费严重。尽管目前政策鼓励宅基地流转，但仅限于"本集体经济组织内部自愿有偿退出或转让"[①]，在农村劳动力流动加快及农村空心化逐渐加剧的现实背景下，宅基地流转将很难有大发展的空间，因而，由农村宅基地流转不畅导致的土地资源闲置浪费现象将长期存在。

三是农村集体建设用地使用制度方面，目前农村集体建设用地利用大量游离于政策法规之外。农村建设用地主要是指乡（镇）村集体经济组织和农村个人投资或集资，进行各项非农业建设所使用的土地。主要包括：乡（镇）村公益事业用地和公共设施用地，以及农村居民住宅用地。可以分为三大类型：宅基地、公益性公共设施用地和经营性用地。由于农村集体建设用地未能纳入城乡规划，"碎片化"利用、粗放式配置现象相当普遍。尽管政策文件强调要严格控制农村集体建设用地规模，但是，超标占用宅基地和违法扩大非农建设用地情况在各地屡见不鲜，几乎有蔓延的趋势。目前农村集体建设用地的利用现状阻滞了新农村建设的步伐，同时也

---

① 2014 年 12 月 2 日，中央全面深化改革领导小组第七次会议审议通过的《关于农村土地征收、集体经营性建设用地入市、宅基地制度改革试点工作的意见》。

影响了农村城镇化和乡村产业结构升级的进程。从根本上来讲,集体组织治理结构改革滞后,是影响集体建设用地高效配置的主要原因。

四是征地制度方面,尚未形成完善的征地补偿机制。我国土地市场处于城乡分割状态,不同类型用地按不同方式出让,造成土地价格扭曲和资源配置低效。在征地补偿方面,尽管现行的法律法规都规定了必须给予农民适当的利益补偿,但相关利益主体得失不公现象普遍存在,农民得到农业用途倍数补偿,而地方政府却获得了土地用途转换时的增值收益,土地占有者获得主要的土地未来增值收益,成为造成当前收入分配不公的制度性因素之一。土地相关的群体性事件加剧了社会风险,提高了农村社会的"维稳成本"。

第三节　中国农村土地管理制度变迁的内卷化[①]

美国人类学家吉尔茨(Chifford Geertz)在研究印尼爪哇殖民地和后殖民地时代的水稻农业时提出的"内卷化"(involution)概念,揭示了一种社会或文化模式在某一发展阶段达到一种确定的形式后,便停滞不前或无法转化为另一种高级模式的现象。此后,黄宗智把这一概念用于中国农村社会变迁的研究,认为所谓的内卷化就是"无发展的增长"[②]。美国学者杜赞奇(Prasenjit Duara)分析了20世纪前半期中国国家政权的变迁问题,提出"国家政权建设内卷化",即国家政权不是靠提高旧有或新增机构的效益,而是靠复制或扩大旧有的国家与社会的关系来扩大其行政职能。[③] 如果将"内卷化"用来分析制度变迁,可以表述为:某个制度的每一次改革,都是对已有改革的复制与延续,致使制度变迁停留于内部

① 本节内容已发表于《社会科学》2014年第12期。

② [美]黄宗智:《长江三角洲小农家庭与乡村发展》,中华书局2000年版,第427页。

③ [美]杜赞奇:《文化、权力与国家:1900—1942年的华北农村》,江苏人民出版社1996年版,第50—52页。

不断复杂、外部效益甚微的停滞状态,始终无法获得突破式的发展。改革开放以来,中国农村土地制度的变迁极大地解放了农村生产力,发挥了巨大的制度效应。然而,回顾农村土地制度变迁的历史进程,始终未能突破以农民与土地之间依附关系为基本特征的城乡二元土地制度的构架。随着城镇化发展与农村人口流动的加剧,土地制度变迁的外部效益正在衰减,制度变迁的“内卷化”现象愈发明显,突出表现为两个维度的内卷化效应:

一、农村经济与社会内卷:农业现代化与农村社会转型困局

(一)土地低效率配置影响农业现代化进程

农村劳动力的城乡迁移减少了从事农业的劳动人口,从理论上来讲有助于缓解农业人多地少的矛盾,为农业现代性的生成提供了前提。然而就目前农业发展总体水平而言,小农经济占主流的格局并没有发生根本性变化。合乎理论逻辑的农地集中与规模化经营并没有伴随农村人口的减少而得以实现,其背后的根本原因在于二元土地产权特性为农地要素的低流动性提供了制度安排。在农业转移人口仍然保留土地承包经营权的情况下,“留守农民”并不会增加土地。尽管农地流转制度创新有助于农地市场化的演进,但在“粮食安全就是国家战略安全”语境下,农地的流动和用途受到严格限制,农地流转不得改变农业用途,而农地非农化则由政府高度垄断和全面管控。由于种粮边际效益低下,农地流转市场发育不健全以及农民权益保障机制缺失,近年来农地流转虽有加快的趋势,但总体上仍处于较低水平,农地资源闲置浪费现象开始凸显。因此,基于现行的农村土地制度安排,通过减少农村人口来缓解人多地少矛盾的措施难以奏效,农地资源配置低效率不仅严重危及国家粮食安全,也阻碍了农业现代化的正常进程。

(二)农村空心化阻滞了农村社会转型

随着工业化、城镇化快速发展,大量农村人口尤其是青壮年劳动力不断“外流”,导致了农村空心化问题日趋严重。留守农民年龄偏大素质偏低、

耕地撂荒、宅基地废弃是农村空心化的主要表现。城乡分割的二元体制是农村空心化形成的根本原因。[①]市场化改革的深化，并没有使以户籍和农村土地制度为核心的城乡二元结构发生根本的转变，而是在制度变迁的路径依赖下惯性延续。尤其是，二元的土地管理制度强化了具有中国特色的"离乡不离土"的劳动力转移模式，其实质是劳动力在"保留农民身份，保留土地"条件下实现了就业空间的简单转移。这种劳动力转移模式使农村劳动力的流动与土地承包权难以割裂开来，从而给农村经济与社会发展带来了"两难"问题：农村大量的青壮年劳动力进城务工，降低了农业劳动生产力，也影响了农业的可持续发展；同时，青壮年劳动力大量外流也促使农村人口结构和社会结构发生深刻的变化，农村空心化、农民老龄化的现象日趋明显，农村留守儿童、留守妇女、留守老人的问题逐渐突出，影响了农村社会转型与新农村建设的进程。

二、农村社会流动内卷：农民工社会身份转换困局

纵观世界发达国家的历史经验，随着工业化发展，农民市民化与城镇化是同步演讲的，而中国的农民市民化进程呈现特殊的"中国路径"，这一路径表现为市民化进程被分割成两个阶段：其一为农民到农民工的转变，其二为农民工向市民的转变。[②]从严格意义来讲，目前我国农村人口的城镇化只完成了非农化阶段，而离真正的市民化还有很长一段距离。农民市民化滞后于非农化的根本原因在于农民与农地之间的"脐带"关系。一方面，农地产权主体模糊，所有权权能欠缺，阻碍了土地作为一种资本要素的市场流动；另一方面，收入的"拐杖逻辑"[③]和"农地控制权偏好"[④]固化了农民对土地的依赖。绝大多数进城务工农民没有割断自己与农村承

① LIU Yansui, LIU Yu: *"The process and driving forces of rural hollowing in China under rapid urbanization. Journal of Geographical Sciences"*, Vol. 20, Number 6, 2010, pp. 876–888.

② 刘传江、董延芳：《和谐社会建设视角下的农民工市民化》，《江西财经大学学报》2007年第3期。

③ ［美］黄宗智：《长江三角洲小农家庭与乡村发展》，中华书局2000年版，第305页。

④ 刘芬华：《究竟是什么因素阻碍了中国农地流转》，《经济社会体制比较》2011年第2期。

包地的联系，而是将农村和耕地作为“退可谋生”的底线，甚至在浓厚的“落叶归根”情结驱动下，把务工的积蓄汇回原籍乡村，在乡村占用耕地建房置业，以备将来还乡养老。显然，如果农民工没有改变对农村土地的依附关系，就无法在城市中真正定居，沉淀下来，农民向市民身份的转换就难以完成。

当前中国农村土地制度变迁的“内卷化”，已经使农村经济社会陷入“有增长无发展”的窘境。现有农村土地制度制约下的农村人口转移模式极大地阻碍了农民市民化和农业现代化进程。农民与土地的“脐带”关系不仅成为农民市民化的“羁绊”，同时也不利于农地的集约利用与规模经营，而从长远来看，现实存在的“市民化悖论”也为社会公平与正义的维护留下隐患：如果不能让进城务工农民享受城镇居民的同等待遇，就会加剧城乡对立，破坏城乡社会和谐；但是，“如果农民工不交出土地而享受与城镇居民的同等待遇，将享受双重保障，与城镇原居民对比，会产生一种新的‘逆向’不公平”[①]，造成一种新的不平等。

基于现实困境，当务之急，需要消除制度变迁的“内卷化”现象，深化农村土地制度改革，在维护农民土地权益和尊重农民意愿的前提下，设法割断农民与土地之间的“脐带”关系，促进农民从农村与农地良性退出，推动农民市民化与城镇化的协同发展。

第四节　城镇化进程中农村土地制度改革实践的经验与教训

随着农村劳动力转移速度的加快，农村土地撂荒、粗放耕作等现象日益凸显。为了提高土地资源配置效率，以及促进农业转移人口市民化，国

---

① 王国平：《解决城市农民工问题：坚持“离乡不离土”与“离乡又离土”两手抓》，《中共杭州市委党校学报》2008年第3期。

内一些地方开始推动农村土地管理制度的改革与创新。目前,进行过农村土地管理制度改革实践的主要有重庆的“以土地换户口”、浙江嘉兴的“两分两换”、成都的“双放弃”以及广东南海的“土地入股”模式,现简要地介绍如下。

一、农村土地管理制度改革的成都路径

早在2006年,成都温江区就尝试进行土地制度改革的大胆探索。同年3月温江区制定了《关于鼓励农民向城镇和规划聚居区集中的意见(试行)》和《关于放弃宅基地使用权和土地承包经营权农民参加社会保险实施细则(试行)》。“双放弃”正式开始启动,所谓“双放弃”即放弃土地承包经营权和宅基地使用权,农民自愿放弃后,在城区集中安排居住,并享受与城镇职工同等的社保待遇。这样的改革被外界称为“以土地换身份”。“双放弃”曾经获得某些政府官员的高度评价,但也存在一些不容忽视的困难,如失业救济、就业服务等诸多问题难以得到有效解决,降低了土地改革的社会效益。因此,“两股一改”又成为温江土改的新试点。所谓的“两股一改”,就是农村集体资产股份化、集体土地股份化,同时配套实施以转变农民身份为目标的村改社区,这是对农村治理结构的重大调整。[①]

2009年5月,国务院批复了《成都统筹城乡综合配套改革试验总体方案》,明确要求:国务院有关部门要按照职责分工,积极支持在成都市开展有关专项改革,先行试验一些重大的改革开放措施,特别是拟推出的与统筹城乡发展主题相关的改革事项,要优先放在成都市等改革试验区先行先试。成都抓住历史机遇,积极推动先行先试的城乡统筹改革经验。随着统筹城乡综合配套改革实验全面铺开,成都市适时出台了《关于全域成都城乡统一户籍实现居民自由迁徙的意见》(以下简称《意见》),2012年成都

---

① 何忠洲:《成都试点土地换身份:双放弃加快城乡统筹进程》,《中国新闻周刊》2007年第9期。

将实现全域成都统一户籍,城乡居民可以自由迁徙,并实现统一户籍背景下的享有平等的基本公共服务和社会福利。成都探索统筹城乡综合配套改革方面再次实现新的突破。《意见》站在全域视角考虑,充分尊重城乡居民自由迁徙的权利,提出了12条具体措施,旨在彻底破除城乡二元结构,彻底消除隐藏在户籍背后的身份差异和基本权利不平等。根据规定,在成都,不仅农村居民可以自由迁徙到城镇居住,城镇居民也可以选择到农村定居,城镇居民和农村居民自由迁徙不再受限制,而"农民"这个称谓也不再是身份的象征,而仅仅是一种职业。

为了保障城乡一体化的顺利进行,成都市拉开了新一轮的农村土地产权制度改革序幕。成都土地改革的逻辑是:"确权是基础,流转是核心,配套是保障。"力图探索一条全面突破城乡二元结构的改革之路。从2008年1月至2010年9月,历时两年十个月,成都全市基本完成了农村产权改革确权这一巨大且复杂的工程。全市共颁发了《集体土地所有权证》3.34万本,《集体土地使用权证》(宅基地)151万本,《农村土地承包经营权证》179.3万本,分别占到应发总量的94%、96%和98.2%。全面而切实的确权,为真正稳定农村经济关系创造了条件。在基本完成农村产改确权之后,成都就把改革的重心,转向了探索集体耕地、林地与集体经营性建设用地使用权的流转机制上。①

根据《意见》,农民进城不以放弃农村宅基地使用权、土地承包经营权、林地承包经营权等原有利益为代价,农民的各项权益不因居住地的迁徙、职业的改变而受到侵害。据此,农民可以带着自己的土地承包权、林地承包权、宅基地等产权进城,就业、参加社保不以丧失承包地为前提,并完全尊重群众的意愿,不进城的农民同样享受政府提供的基本公共服务、社会保障和社会福利。在鼓励农民进城的基础上,城乡居民可以自由流动,城镇居民可以自由下乡,享受田园风光。②

① 《财经》编辑部:《新土改成都路径》,《财经》2011年第1期。

② 梁小琴:《成都:农民可带着土地承包权进城》,《人民日报》2010年11月17日。

显然,成都的土改实践从“双放弃”到允许农民“带着土地进城”,减少了社会各界的舆论压力,但是,仍存在法律上的瓶颈,如转户农民将户口迁入社区市后又不交回承包地,与现有的《土地管理法》存在冲突;“城镇居民可以自由下乡,享受田园风光”,是否意味着会突破禁止城镇居民参与农地流转的限制?如果城镇居民不能获得农地使用权,城乡居民的自由流动将很难实现。

二、农村土地管理制度改革的重庆路径

重庆市作为大城市、大农村并存的直辖市,农村人口比重大,农村劳动力数量多。随着农村劳动力不断输出,重庆农村经济的发展正面临着耕地减少和浪费严重的矛盾。作为农业大市,重庆较早地推动农村土地改革计划,希望能通过城乡土地管理和使用制度改革,积极探索农民土地使用权流转方式和途径,为中国农村土地制度改革起到试验和示范的作用。

2007 年 5 月,时任重庆市委书记汪洋表示,重庆将实施大开放大创新战略,着力突破影响城乡统筹发展的体制机制障碍,通过积极推进土地经营权流转,促进土地适度规模经营;同时,支持农民专业合作经济组织的发展,培育壮大骨干龙头企业,提高农业产业化经营水平。重庆实现土地集中化规模经营的政策逻辑是:通过积极的政策措施,鼓励有条件的进城农民自愿退出承包地和宅基地。而与之相配套,推进城乡户籍制度等一系列制度创新,在鼓励进城农民放弃承包土地的同时,重庆将切实解决进城农民在就业、培训、就医、定居、子女入学等方面的实际困难,促进农村安居乐业。显然,重庆的这条土地改革思路是清晰的,方案也切实可行,能把农民土地退出与城市融入结合起来,既推进农地的集中化规模经营,又考虑到退地农民的生计及城镇融入问题。

“地票”是重庆农村土地制度改革的一个重大创新。2008 年 12 月 4 日,作为全国统筹城乡综合配套改革试验区的重庆市,经国务院批准,成立了全国首个农村土地交易所——重庆农村土地交易所,探索农村集

体建设用地和城市建设用地指标在重庆市远距离、大范围置换的“地票”交易，解开“城市发展扩张缺乏空间，农村建设用地闲置”的疙瘩。可以看出，“地票”是利用市场化手段激励农业转移人口退出农地经营的政策工具。如果“地票”改革能得以顺利开展，将会有效地推动，农业转移人口市民化的进程。当然，必须以尊重农民意愿和保障农民土地权益为前提。重庆“地票”交易模式的最终成效取决于农民的支持和配合程度。

时光进入2010年，重庆开启一个规模宏大的城镇化运动。按照《重庆市人民政府关于统筹城乡户籍制度改革的意见》，将利用两年时间，让338万农民变身为拥有重庆城市户籍的城镇居民；从2012年到2020年，重庆将力争每年从农村转移80—90万人口，到2020年，重庆将形成在主城区聚集1000万城镇居民、非农户籍人口比重升至60%、城乡一体的户籍制度体系。在该意见中要求“按照宽严有度、分级承接原则，适度放宽主城区、进一步放开区县城、全面放开乡镇落户条件，积极引导本市籍农村居民向城镇转移落户，鼓励有条件的农村居民整户转为城镇居民”。按照重庆官方的宣传，凡是具有重庆市农业户口的农民，都可以自愿转为城镇户口，可以享受城镇的就业、社保、住房、教育、医疗的优惠政策。在具体的操作中，重庆市针对主城区和远郊区县设置了不同的入户条件，不仅如此，在《重庆市户籍制度改革农村土地退出与利用办法》中，还规定了当农村户籍转为城市户籍时，其原有的土地必须退出。也正是这个因素，重庆的户籍制度改革又被媒体形象地称为“以土地换户籍”①。

重庆的城镇化运动，引起了社会各界的普遍关注。各种舆论褒贬不一、毁誉参半。有人对重庆的“土地换户口”的快速城镇化政策，进行了严厉批评。而当地农民对“土地换户口”政策也疑虑重重。尽管重庆后来也做出“土地三年过渡期”的规定，即“转户农民最多3年内继

① 傅蔚冈：《从重庆户改看中国的城市化》，《东方早报》2010年8月11日。

续保留承包地、宅基地及农房的使用权和收益权。过渡期结束后，可继续按照依法自愿的原则处置农村土地，不强制农民退出土地”。但是大部分农民还是心有疑虑，转户积极性并不高。在各种压力下，重庆市政府做了政策上的调整，允许农民“带着土地进城”，不“以土地换户籍”。很显然，重庆将户籍与土地脱钩的户改做法，为全国户籍制度改革摸索出了一条道路，但是，如果农民工转到县城以上落户，就会与现有法律的相关规定产生冲突。

三、农村土地管理制度改革的浙江嘉兴路径①

自 2008 年 4 月，嘉兴被确定为浙江省统筹城乡综合配套改革的试点，“两分两换”成为当地坊间叫得最响亮的新名词。所谓“两分两换”就是把农民的宅基地和承包地分开、搬迁和土地流转分开，以宅基地置换城镇房产，以土地承包经营权置换社会保障。“两分两换”土地使用制度创新对促进城乡生产要素的合理流通、打破城乡二元结构、统筹城乡发展具有里程碑意义。简单而言，“两分两换”就是让“农民”演变成为“市民”，住公寓，拿“退休工资”。当然，必须以让渡承包地和宅基地为前提。其目标是:3 年后，把当地四分之一以上的农民变成“市民”。

应该说，改革伊始，该政策措施获得了当地农民的积极支持与参与，“两分两换”工作取得一定的实效。从 2008 年 5 月至 2010 年 8 月底，在 597. 48 平方公里的试点范围内，已签约换房（或搬迁）农户达到 18697 户，完成农房拆迁 14644 户，共流转土地承包经营权 9 万亩。以平均每户节约 0.6 亩宅基地计算，试点区域内将复耕土地1万多亩。在各地在试点推进中，以新市镇为依托，开展了区域建设用地、生产力和人口布局的优化调整，既加快了要素向新市镇集聚进程，也拓展了市镇、工业功能区和现代农业的发展空间。所有试点镇在开展“两分两换”工作的同时，把现代新市镇建设与“两分两换”工作有机结合起来。新一轮的村镇建设规划按照现代

① 参见笔者:《中国城镇化进程中农民退出机制研究》，人民出版社 2012 年版，第 69—70 页。

城市、现代家园、现代市民的标准要求，着眼于社会长远发展，进行严格的功能区分，如七星镇在“两分两换”工作中采取整拆整建的方式，新村镇规划将整个规划区域分为新型市镇区、休闲度假区、东郊生态林区、生活配套区、现代农业与服务业融合发展区等五大功能区块，农民的生产生活环境和质量有了很大改善。

但是，经历两年的改革实践，嘉兴“两分两换”遭遇了签约瓶颈，当地农民出现抵触心理。根据调查发现，农民对“两分两换”政策的满意度不高。南湖区七星镇的所有行政村都参加了“两分两换”，推进速度较快，但是没有一个农民认为“两分两换”“很好”，认为“还行”和“很不好”的分别达到 17. 9%。余新镇采用试点加逐步推进的模式，农民的满意度相对较高，认为“很好”的占 7. 5%，有 45. 8% 认为“还行”。在对未来收入预测中，只有 5. 1% 的农民认为“两分两换”后收入会增加，3.9% 认为“两分两换”会使生活“很好”，却有 27% 认为会不太好。调查结果充分显示了农民对未来生活状态缺乏信心。造成这个现象的原因主要是成本的增加和担心政策的不稳定。

存在的主要问题是：其一，现有的“两分两换”政策与以前实施的拆迁政策、宅基地置换政策还存在很大的差异，尤其在补偿价格方面出入较大。总体来看，多数农民认为政府的置换标准偏低，特别是和建设拆迁标准相比差距比较大；其二，由于“两分两换”政策是鼓励农民放弃土地经营权、以土地承包经营权置换社会保障，但目前对农民的社会保障水平还很低，很难保证农民的日常生活需要。①

四、农村土地管理制度改革的广东南海路径

2015 年中央一号文件明确提出：“赋予符合规划和用途管制的农村集体经营性建设用地出让、租赁、入股权能，建立健全市场交易规则和服务

---

① 方芳、周国胜：《农村土地使用制度创新实践的思考——以浙江省嘉兴市“两分两换”为例》，《农业经济问题》2011 年第 4 期。

监管机制”。据此,在多地试验进行的“农民以土地经营权入股合作社和龙头企业”,得到“自上而下”的全面扶持。土地经营权入股合作社、龙头企业的操作,此前已在全国多地展开。早在1992年,广东南海市就进行了土地股份制改革的尝试,其具体思路是,将农民承包的集体土地以承包权入股,组建社区的股份合作经济组织,由股份合作组织统一规划和布局,土地统一发包给专业队或少数中标的农户,形成规模经营,或由集体统一开发和使用,农民依据土地股份分享经营的权益,实行初期股权不得继承、转让、抵押、提取的制度。由于“土地入股”不但免交公粮,还有村委会承诺的年终分红,所以改革一开始便得到当地农民的积极支持与参与。

然而,随着改革的推进,股民对合作组织监督困难、利益分配不合理等问题开始浮现出来,土地入股制度改革开始遭遇种种瓶颈,“土地入股”在不少地方未能取得预期效果。入股分红的多寡在很大程度上受到土地质量及区位条件的约束。一些发展工商业条件优越的地方,农民的土地被集中起来后,大多出租为工商业用地,每年获得高额租金。而那些以农业为主的村庄,则持续十多年根本没有分红或分红很少。据报载,2007年南海区农村经济总收入比1992年增长了26.7倍,而农民人均纯收入却只增长4.17倍,股红分配额也仅增长9.91倍。除了对分红不满,许多农民还流露出对土地规模经营管理者的不信任。现实的情况是,农村土地规模经营依然是政社不分,村党组织、村委会和股份经济合作社董事会,三套班子一套人马,村党组织书记一般兼任股份合作社董事长。“三位一体”带来权责混淆。

由于未能获得预期收益,且对基层组织不信任,“土地入股”退股流开始涌现。但是那些想退股要田的农民发现,想要回土地几乎是不可能的事情。“土地入股”,其实是将土地估价后以资本形式入股,现在农民要退股,也只能以货币形式补偿,何况大多数农村土地经过相应改造,各户间土地的界限已分不清,而毗邻城镇的农村土地,现已变成工业区或商业区,更不可能退给农民。近年来,在最早实行土地股份合作制改革的珠三角,却出现不少农民要求“分田退股”的现象。[①]

南海“土地入股”实践遭遇变局，给我们留下深层次的思考。该制度发起的初衷是将原来分散的土地集中起来，实现土地的规模效应和满足工业化对土地规模化和承包经营权流转的需求。但是，农村“土地入股”搞规模经营必须因地制宜，视各地具体情况而定，切忌盲目跟风。而“政社不分、产权不明”的体制弊端如果没有得到有效破解，“土地入股”制度的推广和发展将不可持续。

五、各地农村土地管理制度改革实践的经验总结

当前，中国的城镇化正处于快速发展的诺瑟姆S形曲线中期阶段。从总体上讲，中国城镇化发展仍然相对滞后，这种滞后不仅仅表现为滞后于国内经济发展水平、滞后于工业化和农民非农化进程，也表现为滞后于国外同等发展水平国家的城镇化水平。按照钱纳里“工业化与城市化关系的一般变动模式”所提示的发展规律，当工业化率为37.9%时，城镇化率应为65.8%。全国在2013年工业化率（即工业产值占GDP比重）已达到43.7%，但城镇化水平仅为49.7%。可见，在未来的20年里，城镇化仍将是我国经济与社会发展中的主题。与此相适应的是，农村劳动力转移进程将不断加快，农村人口将大量从农业与农村部门退出，向城镇集中。在未来的20年，每年有一千多万农民转移到城镇，这是必然的趋势。因而，中国的城镇化将是个长期历史进程。而推进农民市民化与城镇化的同步演进，必须有制度创新和政策红利的推动力。

在现行农地管理制度安排的约束下，由于农民在人口迁移过程始终没有割断与土地的依附关系，形成了具有中国特色的城镇化路径，农民市民化与职业非农业化不能协调发展，不仅造成土地资源闲置浪费现象蔓延，也制约了农业现代化发展。

应该说，成都、重庆、浙江、广东等地进行的农村土地管理制度改革实

① 肖思思：《珠三角“土地入股”变局启示录》，《东方城乡报》2008年8月5日。

践符合经济社会发展的客观规律，也是适应城乡协调发展的客观要求，为我们深化农村经济体制的改革做了许多有益的探索。但是，从社会各界的反应来看，这些改革实践并没有达到预期的经济与社会效益，甚至还引发了社会各界的热切关注和争论。国内学术界中所谓的“自由学派”对此进行了猛烈的抨击，他们认为，地方政府为了城镇化政绩以城市福利诱使农民放弃在农村的集体土地是对农民土地权益的极大损害，是对农民土地权益的公然掠夺。诚然，他们的指责合乎如下政治逻辑：在中国的工业化初期，我们依靠牺牲农业与农民的利益获取资本的原始积累，为中国工业化发展做出了重大的贡献。现在已到了工业反哺农业的时候了，不能再通过掠夺农民的土地权益来加速城镇化进程。其实，早在2004年9月召开的党的十六届四中全会，胡锦涛就提出了“两个趋势”的重要论断：“纵观一些工业化国家发展的历程，在工业化初始阶段，农业支持工业、为工业提供积累是带有普遍性的趋向；但在工业化达到相当程度以后，工业反哺农业、城市支持农村，实现工业与农业、城市与农村协调发展，也是带有普遍性的趋向。”① 因此，学术界相关的批判声音是不无道理的。

我们认为，任何一项的改革引起争论是很正常的现象，也是一个社会文明进步的标志。成都、重庆、嘉兴、广东等地的农地改革实践尽管存在诸多消极的因素，但是，并不违背市场化改革的价值取向，也为新一轮农地制度改革积累了十分宝贵的经验与教训。我们从中也获得许多有益的启示，其中，最重要有三条：一是要充分尊重农民的自主选择权，只有尊重农民的权益和意愿，改革实践才可以得到农民的支持和积极参与，制度变迁的社会成本才会降低至最低限度；二是要明晰土地产权，模糊和不稳定的产权必然会提高市场交易成本，影响土地要素的市场流动性，且不利于保障农民的土地权益；三是要因地制宜，有序推进。基于农村土地问题的复杂性与敏感性，任何改革实践都是无法一步到位、一劳永逸地解决所有难题。

① 《十六大以来重要文献选编》（中），中央文献出版社2006年版，第311页。

第五节　农民市民化背景下农村土地管理制度改革的困境①

制度变迁,是推动社会经济持续发展的内生动力。改革开放以来我国农业与农村的巨大变化,彰显了制度变迁的正能量。然而,“有增长无发展”的制度变迁“内卷化”也提示了农村土地制度改革进一步深化的必然性。近几年,一些地方开始推行农地制度改革的创新实践,力图割断农民与土地之间的“脐带”,如重庆的“以土地换户口”、浙江嘉兴的“两分两换”及成都等地“双放弃”模式。这些改革实践的初衷是促使农民集中居住、集中经营,实现农村城镇化和农业的规模化,但从总体绩效来看,这些改革实践并没有取得显著效果,并没有从根本上解决农民市民化的制度困境。中国农村土地问题是个复杂、敏感的问题,因而注定了制度变迁的复杂性与艰巨性。当前农村土地管理制度的改革与创新主要面临两个方面的制约。

一、“维稳”的政策惯性

“现有土地承包关系要保持稳定并长久不变”,这是中央文件给予农民庄严的承诺,其目的在于给农民更加长期稳定的预期。但是,现行的政策与法律法规存在一些相抵触情形,影响了土地制度改革的进一步深化。以农村户口迁移所涉及的土地处置问题为例,2002年8月29日发布的《中华人民共和国土地承包法》第二十六条明确指出:“承包期内,承包方全家迁入设区的市,转为非农业户口的,应当将承包的耕地和草地交回发包方。承包方不交回的,发包方可以收回承包的耕地和草地。”“承包期内,承包方全家迁入小城镇落户的,应当按照承包方的意愿,保留其土地承包经营

① 本节内容已发表于《社会科学》2014年第12期。

权或者允许其依法进行土地承包经营权流转。”从现有的法律规定来看，农民转为非农户口，迁移至县以上的城镇，都必须退出土地承包经营权。但是，2010年中央1号文件提出要“促进农业转移人口在城镇落户”，并没有提及农民进城落户必须与承包地和宅基地挂钩。2011年12月27日召开的中央农村工作会议，甚至强调了“土地承包经营权、宅基地使用权、集体收益分配权等，是法律赋予农民的合法财产权利，无论他们是否还需要以此来做基本保障，也无论他们是留在农村还是进入城镇，任何人都无权剥夺”。

关于治理耕地撂荒问题，政策与法律也存在不一致的地方。《中华人民共和国土地管理法》明确提出：因迁移等原因而停止使用土地的，集体组织可以收回土地使用权；《土地承包法》、《基本农田保护条例》等法律条文中也都明确规定了土地使用者保护基本农田的义务。但是在具体的实践中，并没有严格按照法律规定来执行。2004年国务院办公厅下发专门文件，要求“任何组织和个人不能以欠缴税费和土地撂荒为由收回农户的承包地，已收回的要立即纠正，予以退还”。

显然，中央政策精神和现行法律法规之间存在内在冲突。中央做出“承包经营权长久不变”以及“任何人都无权剥夺”的表态，其用意是要阻止地方政府对农民的“土地掠夺”，切实保障农民的土地权益，当然，更重要的是要维护农村社会稳定大局。但是，这样的承诺也间接导致了两难的困境：一方面，由于有中央政策的“背书”，在无需承担“违法”成本的情况下，农民可以随意处置所承包的土地，从而可能导致土地资源的闲置与浪费；另一方面，农民直接和中央政策“对话”，必然会弱化基层组织对土地合法监控的能力，使得基层政权的权威性受到损害，失去了乡村治理的政策支持和法治保障。

稳定的社会环境是保证经济社会持续发展的根本前提，农村土地制度的变迁，牵涉8亿农民的土地权益，也关乎农村社会政治的稳定。我国正处于“社会矛盾凸显期”，“维稳”理所当然地成为这一时期的关键词。在此背景下，“维稳”政策惯性对农村土地制度改革的深化必然会带来一定程度的制约。

二、制度创新的路径依赖

路径依赖（Path-Dependence），又译为路径依赖性，是指制度变迁一旦走上某一条路径，它的既定方向会在以后的发展中得到自我强化。沿着既定的路径，制度的变迁可能会进入良性循环发展的轨道，但也有可能是顺着原来的错误路径继续下滑，甚至会被锁定在某种无效率的状态之下。当前中国农村土地制度变迁已处于内部不断复杂、外部效益甚微的停滞状态，这种制度变迁内卷化现象，其实质就是路径依赖的结果。

回顾中国农村改革曲折历程，尽管数次的农地制度变迁的“红利”促进了农业与农村发展，但是，制度改革从始至今就表现出较强的路径依赖特征。鉴于我国农业经济落后及农村社会保障体系薄弱的现实，农村土地一直以来就被赋予经济发展与社会保障的双重功能，其核心的要旨是把农民与土地紧紧地捆绑在一起，给予农民土地承包经营权，而产权归集体所有，农地不能自由地买卖、转让、租赁和抵押。这种“两权分离”的制度安排也一度激励了农民种粮的积极性，解决了长期困扰我国的粮食供给问题。随着工业化和城镇化的发展，农村土地制度运行的宏观背景已悄然发生变化：农村社会流动和农民职业分化不断加剧。于是，以“保留承包权，转让使用权”为特征的土地流转又成为新时期农村土地制度创新的一个突破口，并在一定程度上提高了土地资源配置效率。然而，较低的边际效益抑制了农地流转的内在驱动力。对于区位偏远、细碎化严重或灌溉条件较差的耕地，很难通过流转方式来防止撂荒现象的产生。

更重要的是，土地流转并不是推进农民退出农村和农地经营，最终完成市民化的有效手段。允许农民“带着土地”进城，只是权宜之计，只能暂时缓解由于农地产权制度安排的缺陷导致城镇化进程中各种土地矛盾的冲突。正如前文所述，如果没有打破农民工与农村土地之间的依附关系，农民工就很难向城市市民身份转换，农民市民化进程就无法完成。在农民工仍然保留农村土地承包权,并把耕地作为最后保障的情况下,耕地撂荒和侵占耕地建房的现象就会屡禁不绝。因此,从根本上来讲,以农民和土地的双向依附关系作为基本前提来设计的土地流转制度只是原有制度的延伸和补充,具有明显的路径依赖特征。

解决农村土地制度变迁的路径依赖性,政府部门需要克服“城乡分治、一国两策”① 的管理思维,消除“城市是一种政策,对农村又是另一种政策”的城乡二元管理体制。但是,这种管理体制的存在与延续有着深厚的土壤和氛围,在较短的时间内克服政府的政策偏好和观念粘性问题是很难的。因而,制度创新的路径依赖性也制约着农村土地制度的再创新。

第六节 农民市民化背景下农村土地管理制度优化的总体思路②

鉴于当前农村土地制度变迁“内卷化”且成为农民市民化瓶颈的事实,推动农村土地管理制度优化是新时期新形势下亟待解决的重要课题。农村土地管理制度优化的着眼点必须是:走出“维稳”政策惯性与路径依赖的困境,打破农民与土地的双向依附关系,促进农业转移人口有序地退出农村与农地经营。在此,本文提出农民市民化背景下农村土地管理制度优化的总体思路。

一、以强化产权功能作为农村土地管理制度优化的逻辑起点

随着市场化改革的深化,农村土地制度存在的产权主体模糊、权属关系不清的弊端暴露无遗。农地产权模糊化是伴随着对农民行为能力的

① 陆学艺:《坚持市场取向 改变“城乡分治 一国两策”格局》,《中国经济快讯》2002 年第 29 期。

② 本节内容已发表于《社会科学》2014 年第 12 期。

约束进而通过歧视性的法律约束逐步推进的。[①] 而“一国两策”的二元管理体制是产权模糊化在政策上的体现。产权主体模糊导致了农民利益的流失和农地资源配置的低效率，严重制约农业与农村的现代化进程。因此，农村土地管理制度的改革与创新必须围绕着产权这个核心问题而展开。

针对农村土地产权问题，国内学术界主要有三种主张：国有化、私有化以及维持并完善现有农村土地集体所有权。尽管学者们依据不同的研究视野和立论角度，各自阐释了其改革主张的合理性和可操作性，然而基于粮食安全的战略需求和社会基本制度的刚性约束，以及产权权属变革可能带来的巨大交易成本，二元的产权制度仍将在一段时间得以延续，而对所有权的过分强调往往导致资源的浪费，改革也由于各方观点的迥异而无所适从。由此可见，在没有最优制度安排可用来替代的情况下，淡化所有权，强化产权功能成为降低政策惯性和制度粘性带来负效应的次优选择。

强化产权功能是在最优的产权安排得以实施之前农村土地管理制度优化的逻辑起点，可以有效弥补产权模糊造成的福利损失。从现实来看，我国农地产权功能存在内在的缺陷：其一，农地资源的频繁调整和行政性配置降低了农民对农地使用权长期稳定性的预期；其二由于所有权权属不清影响了农地要素的市场流动性和可交易性。因此，强化农地产权功能，不仅有助于激励农民做出提高农地配置效率的决策，也有助于实现农地使用权的商品化和资本化。“(产权)重要性在于事实上它帮助一个人形成他与其他人进行交易的合理预期”，“产权的一个主要功能是引导人们实现将外部性较大地内在化的激励”。[②] 稳定且功能明确的土地产权是市场交易的基础，在淡化或不触及土地所有权的情况下，加强农地产权权能建设，以法律法规的形式赋予农民长期且完整的土地使用权、支配权、收益权和处置权，并尊重农民法律地位和市场主体地位，允许其按照市场原则交

① 罗必良：《农地产权模糊化：一个概念性框架及其解释》，《学术研究》2011 年第 12 期。

② ［美］德姆塞茨：《关于产权的理论》，刘守英等编译《财产权利与制度变迁》，上海三联书店 1991 年版，第 98 页。

易。农地作为一种资本要素的市场流动有助于解放土地对农民的束缚，进而推进农业转移人口融入城市社会。

二、建构农民参与决策的新型土地管理模式

伴随着农村城镇化的推进，农民与地方政府在土地权益博弈中的矛盾冲突，不仅引致农民对政府土地管理行为的抵制，也影响了土地资源的配置效率。让农民参与土地管理决策，是降低农村“维稳”成本，增加政府决策理性的有效手段。在现行农村土地集体所有制框架下，农民与土地有着最为直接的利益关联，从理论上来讲“农民集体”应该是土地管理的主体，土地开发利用的总体规划、土地征地及补偿费用、土地结构调整等各项事宜，农民都应该拥有知情权、参与权与决策权，但在实践中国家权力凌驾于农民集体之上，成为事实上的产权代表和执行主体，而农民却丧失了参与主体的资格。这种集体土地所有权虚置现象，不仅是对农民利益的侵蚀，也必然导致了农民对地方政府权威的不信任。

因此，现实需要构建一种新型土地管理模式，其核心价值在于充分保障农民的参与权与决策权，吸纳农民参与到土地管理决策中来。要通过顶层设计来确保农民的参与决策权，在信息公开制度、农民参与农地管理决策的内容、参与形式、监督机制以及各种利益分享机制等环节以法律法规的形式予以确立。其中，信息公开制度是新型土地管理模式得以有效运作的关键部分。文化素质偏低、信息资源匮乏、现行政策与法律制约等因素都会影响农民对当前市场形势做出准确的判断，以及对未来的风险和收益进行合理的预期；与农民相比，政府处于强势地位，拥有较多的信息资源。信息不对称将影响农民知情权、监督权与决策权的实现。建立信息公开制度，让土地管理在阳光下运行，是农民参与农地管理决策的前提条件。

土地管理模式的创新还需要理顺政府组织与农民之间的关系。作为公共政策的制定者、社会公平的守护者以及市场秩序的维护者，政府仍然是农地管理的主导者，依据法律法规赋予的职责，确保农地的合理使用和高效配置。而在市场博弈能力不断提高、权益保障意识不断高涨的情况

下,农民的主体地位也必须得到充分尊重。实践证明,违背农民的意愿,依靠行政的手段强行推进农村土地制度的变革,不仅损害农民的合法权益,也与市场化改革的价值取向背道而驰。当然,在政策惯性的影响下,农民参与农地管理必然是有限度的,政府主导地位在今后一段时间内仍将维持。但是,保障农民利益表达权、话语权,逐步提升农民参与农地管理决策程度,是今后农地管理制度再创新的重要方向。在农民参与决策的情况下,农民就会倾向于做出正确的、科学合理的判断和选择。尤其是对于农业转移人口而言,通过成本与收益的权衡,他们就会理性地选择农地处置方式,以确保资源的最优配置。

三、建立基于农民意愿的农地承包权退出机制

解决农民与土地之间的“脐带”关系是城镇化与农民市民化协同发展下农村土地管理制度优化的核心价值取向。为此,必须摆脱对原有路径的依赖,建立一种能够促进农业转移人口自愿退出土地承包权的新机制。而“退出机制”的缺失,恰恰就是当前农村土地制度固有的缺陷,使得农民在社会流动中选择永久地退出农村和农地的比率极低,这也是导致农民市民化滞后的深层次原因。因此,推动农民市民化进程,完成农民工向市民转变的市民化阶段,还需要建立基于农民意愿的土地承包经营权退出机制。

利益诱致是制度变迁的根本动因。建立农地承包权退出机制的核心内容应该基于保障农民权益的利益补偿机制。现行的《土地承包法》规定农民有自愿放弃承包土地的权利,但是没有明确规定应该给予退地农民相应的补偿。由于缺失利益补偿的激励,已经实现转移就业的农民即使将土地无偿转让,甚至长期荒废,也不愿意退出土地承包权。在保留土地承包经营权的基础上,通过非农就业谋求利益最大化,成为广大农民在现有制度约束下的理性选择。

健全的农地承包权退出补偿机制不仅可以激励农民退出农地承包权,同时也有利于推进农民市民化进程。农民可以用退地补偿获得创业的启动资金,进城购买或租赁住房等,从而有利于他们在城镇定居下来。当然,

建立退地补偿机制的实践必然会面临许多困难和障碍。其中面临的首要问题是如何确定补偿标准。在社会保障尚不健全,以及城镇融入困难重重的情况下,农民不可能会轻易放弃土地承包权。而随着政府强农惠农政策不断强化,附加在农地上经济利益也会不断增加。在此驱动下他们必然会对退地补偿带来的效用增量寄予更大的期望。我们认为,合理的补偿不仅要补偿农民眼前的经济利益,更重要的是要补偿他们未来的生活保障,必须充分考虑到农民失地后的生存与发展问题,能够有助于农民融入城镇社会并顺利地向市民身份转变。

补偿费用承担主体的界定也是建立退地补偿机制的关键问题。鉴于农业弱质产业的特性以及地方政府财力的状况,退地补偿费用由受益人(或企业)、地方政府、中央政府三者分担是比较合理的制度安排。补偿费用的基本构成主要包括土地转让租金、地方财政支农资金和中央财政专项基金等。土地转让租金是在农民退出土地承包权后,通过有偿转让,由集体组织代收;中央财政专项基金是中央财政从支农开支中划拨的作为农业转移人口退地补偿的专项费用;地方政府也必须从支农财政中划拨一部分经费作为退地的补偿。由于农民退地会带来增量效益:有利于实现土地集约化和规模化经营,提高留守农民的收入水平;有利于农业转移人口融入城镇社会,而城镇化发展又为国民经济持续协调发展带来了巨大“红利”。因此,由中央政府与地方政府建立退地补偿专项基金是合乎逻辑的,也切合现阶段“工业反哺农业,城市支持农村”的政策取向。

建立农地承包经营权退出机制是打破农民与土地之间“脐带”关系,进而推进农业转移人口市民化的有效举措。但是,制度设计还必须以尊重农民的决策权力为前提。对于长期从事非农业又不愿意退出土地承包权的,政府不能采取强迫措施。如果政府能够设计出一种公平合理的退地补偿机制,并且农民认为退地更有利于他们今后的工作和生活,必然会有更多的进城就业农民愿意放弃手中的土地承包权。因此,健全的退地补偿机制会起到示范作用,在不损害农民合法权益的前提下激励着农民做出理性的决策。

第五章　农村土地管理制度优化的微观基础

农村土地管理制度的创新与优化离不开农民的支持和参与,因而,深入了解农业生产主体及城镇化主体——农民的农地处置意愿和决策逻辑,是本书研究的关键环节。这一章我们调查研究对象有两个:其一,以福建省福州、厦门、泉州三地市进城务工农民为具体观察对象,通过大量的问卷调查和访谈,了解农民工家乡土地资源处置现状、处置意愿以及对农地管理制度的认知状况和改革意愿;对样本进行描述性统计,运用 Logistic 回归模型,实证分析市民化条件下农民工处置农地意愿的相关影响因素,测量农民工家庭农地处置意愿与农地资源禀赋、城市融合状况的相关性。其二,以福州大学城为调查样本地区,对在榕城的农村生源大学生进行问卷调查,了解农村大学生农地利用状态、非农化过程中农地处置意愿,然后利用 Multivariate Probit Model 对大学生不同的农地处置意愿的相关影响因素进行实证分析。

第一节　研究方法与调查样本的总体特征

一、调查对象与研究方法

(一)调查数据来源

本章第一部分论证所需要的原始资料来自于 2014 年 7 月 5 日至 2015

年3月1日为了解进城务工人员农地处置现状、处置意愿及农地制度改革意愿所做的随机抽样调查，调查主要采用了问卷调查与访谈相结合的办法，部分农民工文化程度低，只能按照问卷上内容进行访谈。调查对象与样本数：在福州地区各类单位就业的农民工，共发出400份问卷，收回329份，剔除了错答与漏答的无效问卷，共筛选出305个有效样本，样本有效率达到92.7%；在厦门地区就业的农民工，共发出350份问卷，收回221份，剔除无效问卷，共筛选出196个有效样本，有效率达到88.7%；在泉州地区就业的农民工，共发出400份问卷，收回317份，剔除无效问卷，共筛选出298个有效样本，有效率达到94.0%。福州、厦门、泉州三地共获得有效样本799个。[①] 本次的调查研究获得笔者主持的教育部人文社科规划基金项目的资助。

（二）调查问卷内容

本书调查问卷的设计参考了前期研究成果——笔者的博士学位论文《城镇化进程中农民退出机制研究》中的问卷内容。同时，为了确保调研结果更具有科学性和可靠性，减少人为主观的错误，笔者于2014年6月在福州市区务工的外来人口进行预调研，共发放问卷20份。问卷回收后，针对调查中存在的问题对问卷进行认真修订，使问卷更具科学性和逻辑性，减少正式调研过程中可能出现的错误。调查主要内容包括四个方面：进城务工农民个人基本特征、城市融合现状、农地处置现状及农地处置意愿等内容（见本书附件1）。

1. 进城务工农民个人基本特征

具体包括农民工的性别、年龄、婚姻状况、文化程度、打工年限、从事的行业、城里住房、家庭收入来源、家庭年收入、家庭成员构成、城镇生活的主观认知。本部分调查的目的在于掌握农民工的总体概况，进行描述性统计分析，从而了解样本的基本特征。

① 由于本书是研究农村土地问题的，所以样本仅限于户籍在农村的农民工，排除了来自其他城镇到样本地区就业务工的人员。

2. 进城务工农民城镇融合的主观认知

主要调查内容包括农民工对城市生活的感受,以及农民工对城市社会认同感与归属感的主观评价。

3. 农民工农地处置状况

具体内容包括拥有承包地数量、承包地处置现状、对农村土地价值的主要看法。本部分问卷调查旨在了解农民工样本拥有的承包地情况。

4. 农民工承包地处置意愿

具体内容是农民工搬迁到城镇且不再从事农业后处置承包地的意愿、退出农地承包权的条件等。

5. 开放式问题

本部分内容设计了两个开放式问题,即"如果农村土地管理制度需要改革,您希望如何改革?"该部分内容旨在了解农民工对新一轮农村土地管理制度改革的看法。

(三)研究方法

用 SPSS 软件包对问卷调查结果做单变量描述分析、构建 Logistic 回归模型对农民工农地处置意愿的相关影响因素进行定量分析。

二、样本地区的基本情况

福州、厦门、泉州是福建省经济最发达的三大中心城市,也是农民工最集中的地区。从地图上可以看出,福州、厦门、泉州三大中心城市沿海岸一线展开,地理位置显要,区位优势十分明显,具有独特的对台优势。这三座城市的常住人口都远远超过户籍人口数,共吸纳了 300 余万的外来务工人员(见表 5-1),尤其是厦门,常住人口与户籍人口比值达到 1.90,几乎两个人当中就有一个是外来人口。外来务工人员来源地比较多样,既有本省内陆山区的,也有外省的,既有来自于东部沿海地区,也有来自于中西部地区的。因此,选择福州、厦门、泉州作为调研的样本地区具有较好的代表性。

图 5–1　福州、厦门、泉州地理位置

表 5–1　样本地区户籍人口与常住人口对比[①]

样本地区	福　州	厦　门	泉　州	福　建
常住人口（万人）	734.00	373.00	836.00	3774.00
户籍人口（万人）	623.66	196.78	703.51	3633.64
常住人口 / 户籍人口	1.18	1.90	1.19	1.04

福州，福建省省会，海峡西岸经济区政治、经济、文化、科研中心以及现

① 数据来源：《福建统计年鉴（2014）》。

代金融服务业中心，首批 14 个对外开放的沿海港口城市之一，海上丝绸之路门户以及中国（福建）自由贸易试验区三片区之一。福州现辖 5 区 2 县级市 6 县，全市陆地总面积 11968 平方公里，其中市区面积 1786 平方公里，建成区面积 248.10 平方公里，城镇化率 65.9%。全市海域总面积 11.09 万平方公里，海岸线长 1137 公里，占福建省的 1/3。全市常住人口为 734 万人（含平潭，截至 2013 年）。改革开放以来，福州经济保持快速发展的势头，综合实力不断增强。2013 年，福州市实现地区生产总值 4678.5 亿元，比增 11.5%，其中第一产业增加值 402.26 亿元，比增 4.6%；第二产业增加值 2133.6 亿元，比增 13.2%；第三产业增加值 2142.63 亿元，比增 10.8%。第一产业增加值占地区生产总值的比重为 8.6%，第二产业增加值比重 45.6%，第三产业增加值比重 45.8%。

厦门，中国副省级城市，计划单列市。是中国最早实行对外开放政策的四个经济特区之一，五个开发开放类国家综合配套改革试验区之一（即"新特区"），"中国（福建）自由贸易试验区"三片区之一，为两岸新兴产业和现代服务业合作示范区、东南国际航运中心、两岸区域性金融服务中心和两岸贸易中心。截至 2014 年，厦门市市区建成区 281.6 平方公里，主城区人口 381 万，城镇化率 88.7%。截至 2013 年，全市共实现地区生产总值（GDP）3018.16 亿元，其中，第一、二、三产业增加值分别是 25.99 亿元、1434.79 亿元和 1557.38 亿元。产业结构从上年的 0.9∶48.8∶50.3 调整为 0.8∶47.6∶51.6，二产比例略有下降，三产比例持续上升，产业结构得到优化。

泉州，地处福建省东南部，北承福州，南接厦门，东望台湾宝岛，辖 4 个区，3 个县级市，5 个县和泉州经济技术开发区、泉州台商投资区。泉州是国家首批 24 个历史文化名城之一，中国古代海上丝绸之路的起点，唐朝时为世界四大口岸之一。2013 年，泉州实现地区生产总值（GDP）5128 亿元，按常住人口计算，人均地区生产总值 62679 元（按年平均汇率折合 10121 美元）。泉州地区国内生产总值摘下全省十五连冠，贡献了近福建省四分之一的份额。总体而言，泉州民营企业比较发达。县域经济特色突出，几乎每个县都有自己特色的产业，如晋江的鞋业、石狮的服装、南安的水暖、惠安的石雕、德化的陶瓷、安溪的茶叶、永春的柑橘等，在全省乃至于全国都有重要的影响力。但泉州经济有存在一些问题，如面临劳动密集型比重较高、企业用工成本上升、产业结构不合理等困境。

表 5–2 福州、厦门、泉州三市与全省、全国部分经济指标对比 ①

样本地区	产业结构	城镇化率（%）	城镇居民人均可支配收入（元）	在岗职工平均工资（元）
福州	8.6∶45.6∶45.8	65.9	32265	53333
厦门	0.9∶47.5∶51.6	88.7	41360	55864
泉州	3.3∶61.8∶34.9	61.6	35430	44895
全省	8.9∶52.0∶39.1	60.77	30816	49328
全国	10.0∶43.9∶46.1	53.73	26955	52388

从表 5–2 可以看出，福建省在城镇化率及城镇居民可支配收入方面均高于全国平均水平。尽管城镇在岗职工平均工资低于全国水平，但是高于中西部大部分省份。尤其是泉州，在岗职工平均工资不仅低于全国水平，也低于全省水平，理论上来讲对外来劳动力吸引力不大，但是，由于泉州小型民营企业众多，且个体经济也发达，因而吸引了大量的外地农民工在此就业创业。福州、厦门、泉州的城镇化率远高于全国平均水平，除了这些地区经济比较发达外，一个不容忽视的原因是，这些地区吸纳的农民工主要集中在城区，而城镇化率是按照常住人口来统计的 ②，由于大部分农民工难以实现与城市的实质性融合，这就使得以常住人口统计的城镇化率存在不稳定的因素。

---

① 数据来源：《福建统计年鉴（2014）》、《中国统计年鉴（2014）》。

② 常住人口指实际经常居住在某地区一定时间（半年以上，含半年）的人口。第六次全国人口普查使用的常住人口 = 户口在本辖区人也在本辖区居住 + 户口在本辖区之外但在户口登记地半年以上的人 + 户口待定（无户口和口袋户口）+ 户口在本辖区但离开本辖区半年以下的人。

二、调查样本的总体特征

（一）样本农民工的选取

获取真实可靠的原始数据是课题研究成果具有较高理论与实践价值的关键环节。本书采取不重复的简单抽样方法，对福州、厦门、泉州三地市进城务工农民进行问卷调查。从来源地来看，3个调查城市来自东、中、西三大区域的农民工分别占有效样本总量的41.30%、38.55%、20.15%。本次调研在各个城市根据城市行业分布通过随机抽样获得农民工样本的。根据劳动保障部（2006）组织的问卷调查显示，建筑施工业、电子电器业、制衣制鞋业、住宿餐饮业、商务服务业是农村外出务工人员从事的主要行业，因此，我们按照制造业、建筑业、交运仓储邮政业、住宿餐饮业、批发零售业、其他服务业等六大类行业进行随机抽样。为了避免样本过分集中，排除主观因素，我们把样本尽量分散到上述的农民工就业领域。

（二）样本的个人基本特征

根据调查问卷设计的问题，我们对有效样本的性别、年龄、婚姻状况、文化程度、从事的行业、家庭收入来源、家庭年收入、家庭成员构成、来源地等特征进行描述性统计，具体情况见表5–3。

表5–3　调查问卷样本基本情况　　（单位：个、%）

N=799	
样本城市分布	福州305（38.17%），厦门196（24.53%），泉州298（37.30%）
性别	男436（54.57%），女363（45.43%）
年龄	20岁以下102（12.77%），20—35岁336（42.05%），35—50岁245（30.66%），50岁以上116（14.52%）
婚姻状况	未婚341（42.68%），已婚443（55.44%），离婚11（1.38%），丧偶4（0.50%）

续表

文化程度	小学或以下 193（24.16%），初中 328（41.05%），高中或中专 233（29.16%），大专及以上 45（5.63%）
打工年限	5 年以下 293（36.67%），5—10 年 326（40.80%），10 年以上 180（22.53%）
从事的行业	制造业 178（22.28%），建筑业 183（22.90%），交运仓储邮政业 131（16.40%），住宿餐饮业业 122（15.27%），批发零售业 112（14.02%），其他服务业 73（9.13%）
家庭收入主要来源	农业收入 194（24.28%），外地打工收入 344（43.05%），非农家庭经营收入 186（23.28%），其他途径 75（9.39%）
家庭年收入	3 万以下 83（10.39%），3—5 万 316（39.55%），5—8 万 226（28.28%），8 万以上 174（21.78%）
家庭成员构成	单身 1 人 221（21.66%），夫妻俩 1 代家庭 175（15.90%），和子女一起 2 代人家庭 213（26.66%），和父母一起 2 代家庭 103（18.89%），3 代人一起生活的家庭 72（15.01%），其他 15（1.88%）
来源地	东部地区 330（41.30%），中部地区 308（38.55% ），西部地区 161（20.15%）

从表 5–3 可以看出，未婚的占总样本的 42.68%，初中及以下文化程度占 65.21%、家庭主要收入以非农收入（外地打工收入加上非农家庭经营收入）为来源的占比 66.33%，而家庭年收入达到 5 万以上的超过 50%。

（三）住房情况

居住问题一直是制约农民工实现城市融合的主要因素。表 5–4 显示，我国农民工居住情况多年来没有发生明显的改善，在某些方面反而有恶化趋势，如从 2008 年到 2013 年，由单位提供宿舍的比率在逐年递减，居住在简易工棚的比率稳定在 10% 以上，而自行租赁（包括单独租与合租）达到 36.7%，在房租不断上涨的背景下必然会制约农民工消费水平和生活质量的提高。

表 5-4　2008—2013 年外出农民工住宿情况变化趋势　（单位:%）[①]

年　份	2008 年	2009 年	2010 年	2011 年	2012 年	2013 年
单位宿舍	35.1	33.9	33.8	32.4	32.3	28.6
工地工棚	10.0	10.3	10.7	10.2	10.4	11.9
生产经营场所	6.8	7.6	7.5	5.9	6.1	5.8
与他人合租住房	16.7	17.5	18.0	19.3	19.7	18.5
独立租赁住房	18.8	17.1	16.0	14.3	13.5	18.2
务工地自购房	0.9	0.8	0.9	0.7	0.6	0.9
乡外从业回家居住	8.5	9.3	9.6	13.2	13.8	13.0
其他	3.2	3.5	3.5	4.0	3.6	3.1

从本书在样本地区调查的数据来看，自行租赁所占的比例更高，占了全体样本的 46.68%，而单位提供住房的仅占 24.16%。详见表 5-5 和图 5-1 所示。

表 5-5　农民工样本住房情况　（单位:个、%）

住房类别	单独租住	和人合租	借住亲友家	购买商品房	自建房	单位提供房	其他	合计
频数	121	252	78	56	38	193	61	799
比例	15.14	31.54	9.76	7.01	4.76	24.16	7.63	100.00

从图表可以看出，在自行租赁中，单独租的为 15.14%，主要是一个家庭租住。和人合租的比例最高，占到 31.54%，以未婚的新生代农民工为主。调查数据显示，福州、厦门、泉州农民工居住条件与全国范围抽样的农民工居住情况大致相同，不过，租房居住的占了最大比重，达到 46.68%，农民工

① 数据来源：国家统计局发布的历年《全国农民工监测调查报告》。

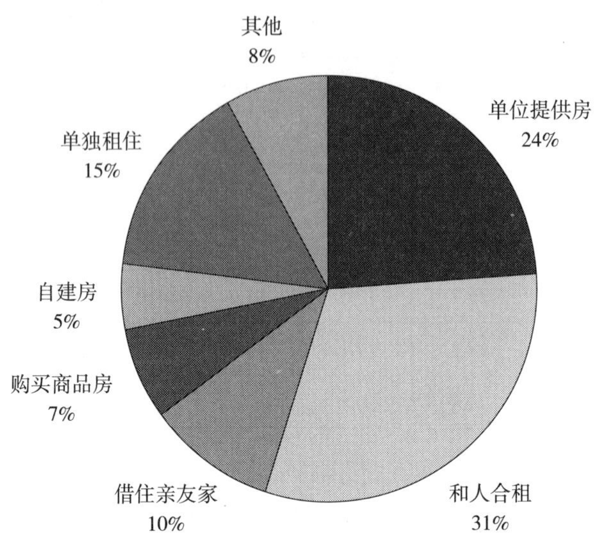

图 5–1　农民工住房情况分布

较高的租房率与较低的收入之间似乎有矛盾之处，但是，通过深入调查我们就会发现，农民工主要是租住在城乡结合部当地村民的房屋。租金较低、老乡聚集成为该群体租房的主要逻辑。这些房屋尽管租金相对便宜，但周边环境普遍较差，治安隐患突出。居住条件差影响了农民工的生活品质，拉远了与城市居民之间的隔阂。有 56 个样本购买了商品房，说明少数农民工通过努力奋斗改变了“蜗居”现状，经过多年的打工生涯或艰苦创业，他们积累了较为丰厚的财富。自建房屋的 38 位农民工主要是居住城市郊区的本地人，他们白天进入市区务工或经营小本生意，晚上就回家住宿。选择“其他”的 61 位情况比较复杂，他们大多居无定所，或居住在工地里简易的工棚，或在店铺里打地铺过夜。

可见，居住问题也是农民工在城镇生活遇到的最基本问题之一，是影响农民工对城市认同感与归属感的主要制约因素，也是农民工不愿意放弃耕地的主要诱因。

（四）对城镇融合的认知

众多研究表明，我国农民工城市社会融入难已成为普遍性问题。国内学术界为此提出了“半城市化”的概念，系指农村人口向城市人口转化过程中的一种不完整状态，其表现为，农民已经离开乡村到城市就业与生活，但他们在劳动报酬、子女教育、社会保障、住房等许多方面并不能与城市居民享有同等待遇，在城市没有选举权和被选举权等政治权利，不能真正融入城市社会。

由于国内学术界对农民工城市融合问题已积累了丰厚的研究成果，本书在调查问卷中仅设计三个题目来了解农民工对城市生活状况的主观认知。首先，我们要了解农民工对城镇生活处境的自我评估，其目的是分析与预测农民工在城市“落地扎根”或回乡“落叶归根”的可能性及比率。可供自我评估的选项有：①没什么困难，想在城镇定居；②有些困难，但能克服，想在城镇定居；③没什么困难，但仍想回老家；④困难，但相信慢慢能克服，所以暂时还不想回老家去；⑤很困难，因此想回老家去了。

调查结果具体见表 5-6 所示。

表 5-6　农民工城镇生活的自我评价　　（单位：个、%）

选　项	频　数	比　例
没有什么困难，想着城镇定居	94	11.76
有些困难，但能克服，想在城镇定居	129	16.15
没什么困难，但仍想回老家	178	22.28
困难，但相信慢慢能克服，所以暂时还不想回老家去	263	32.92
很困难，因此想回老家去了	135	16.89
合计	799	100.00

从表 5-6 可以看出，选择“有困难，但暂时不想回老家”的比例最高，该部分人群暂时留在城里主要有两个动机：打工赚钱或向往城市生活环境，将来是否回乡取决于他们在城市定居的意愿以及在城市谋生能力。确定会回乡的（选择③⑤）共占比 38.67%，而确定会留居城镇的共占比

27.91%（选择①②）。显然，有“落叶归根”的倾向超过了“落地扎根”的比例。这一方面说明了大多数农民工难以融入城市，对城市社会有排斥心理；另一方面，也表明了农民工对家乡、土地具有强烈的心理依赖。[①]

从前面的调查结果可以看出，在福州、厦门、泉州务工就业的进城人员与城市的融合程度不高，同时，个体差异也必然会导致他们在城市融合的主观认知方面出现了分化。针对城市融合认知问题，既有文献多基于身份认同的维度来展开研究，但身份认同分析过于强调人的社会属性，通常采取“是农民还是市民”简单的身份判断。[②] 鉴于户籍制度的约束，很多长年定居城市的农民工依然摘不掉“农村人”的帽子，不管是外在的还是内在的因素，都固化了他们“我是农民”的身份认知。显然，单纯以身份认同来研究农民工城市融合问题存在着一定的局限性。

农民工的城市融合是一个多维度的概念，涉及政治参与、经济条件、生活方式与价值观念等多层面的问题。而从实践来看，实现城市融合必须具备两个基本前提条件：其一，能够适应城市的生存环境，形成与所在城市的居民比较接近的生活方式；其二，能够融入城市社会，形成对所在城市的归属感与认同感。

基于以上逻辑，本书将农民工城市融合主要区分为三种类型：融合型、半融合型、游离型。融合型，表现为农民工完全适应城市生活的方式和状态，且对所在城市有归属感；半融合型，只具备上述基本条件之一，不适应城市生活的方式和状态，或者对城市缺乏归属感；游离型，认为自己只是这座城市的匆匆过客而游离于城市社会，他们既不适应城市生活的方式和状态，也缺失城市归属感。

为此，本书在调查问卷中有针对性地设置如下问题来测量农民工城市

① 农民对乡土的依赖是自古以来就有的情感，费孝通（1939）在《江村经济》中对于“乡土中国”的理论假设，他认为，农户之所以不愿意放弃土地，并非仅仅出于经济收入上的考虑，更多则在于农户家庭成员之对于土地存在着的沉甸甸的精神（文化）依赖。

② 如蔡禾，曹志刚以“是否认为自己的身份不是农民”为维度，利用 logistic 模型对农民工的身份认同进行实证分析。详见《农民工的城市认同及其影响因素——来自珠三角的实证分析》，《中山大学学报》（社会科学版）2009 年第 1 期。

融合的主观认知情况：

问题一：你是否已适应城市生活的方式和状态？

问题二：你是否感觉到自己属于这座城市？

从调查的回应总频数来看，对两个问题持肯定态度的多于否定态度的，而认为“已适应城市生活的方式和状态”的远远高于“感觉到自己属于这座城市”的。详见表 5–7 所示。

表 5–7　农民工城市融合主观认知回应情况（样本总数 =799）

问题分类	是	否	总频数
你是否已适应城市生活的方式和状态	534	265	799
你是否感觉到自己属于这座城市	296	503	799
合计	830	768	1598

我们将以上两个问题做交互分类，由此得出三种不同的城市融合类型。在这里，我们将两个问题都持肯定的态度，即既能适应城市生活的方式和状态，又感觉到自己属于这座城市的认知定义为融合型；如其中有一个持否定态度的，我们将之界定为半融合型（包括Ⅰ、Ⅱ两个分类）；二者都持否定态度的即为游离型。

表 5–8　样本农民工城市融合的三种类型分布（样本总数 =799）

<table>
<tr><th colspan="2" rowspan="2"></th><th colspan="2">问题二</th><th rowspan="2">合　计</th></tr>
<tr><th>是</th><th>否</th></tr>
<tr><td rowspan="4">问题一</td><td rowspan="2">是</td><td>融合型</td><td>半融合型Ⅱ</td><td rowspan="2">534（66.83%）</td></tr>
<tr><td>168（21.03%）</td><td>366（45.80%）</td></tr>
<tr><td rowspan="2">否</td><td>半融合型Ⅰ</td><td>游离型</td><td rowspan="2">265（33.17%）</td></tr>
<tr><td>128（16.02%）</td><td>137（17.15%）</td></tr>
<tr><td colspan="2">合计</td><td>296（37.05%）</td><td>503（62.95%）</td><td>799（100%）</td></tr>
</table>

注：表中的百分比为选项频数与样本总数的比率。

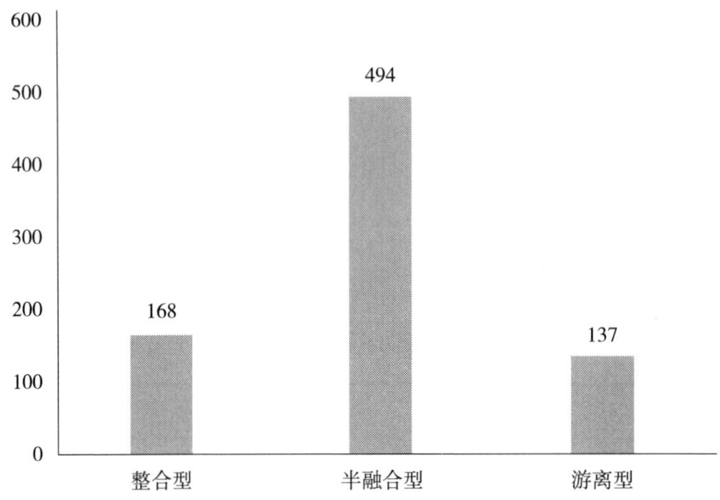

图 5-2　农民工城市融合类型分布

从调查的数据来看，“已适应城市生活的方式和状态”的样本为 534 人，占比 66.83%，而“感觉属于这座城市”的有 296 人，比率仅有 37.05%，说明了样本地区的农民工尽管多数能够适应打工所在城市的生存环境，但对城市社会的认同感与归属感并不强。表 5-8 给出了样本农民工城市融合三种类型的分布情况：融合型的有 168 人，占有效样本总数的 21.03%；两类半融合型共有 494 人，占有效样本总数的 61.82%；而游离型有 137 人，占比 17.15%。可见，样本地区农民工城市融合分化状态呈现倒 U 曲线分布，半融合型所占比例最大，其他依次是融合型及游离型。此研究结果与既有研究文献的结论几乎一致，绝大多数农民工在城市社会中处于半融合状态，“半城市人”特征明显。

（五）农民工城市融合与个人特征的相关性分析

在相同的宏观背景下，农民工城市融合却出现了不同的分化结果。在此，需要进一步考察其中的相关影响因素。我们以“融合型”为因变量，样本的基本特征为自变量，利用 SPSS16.0 软件分析二者之间的关联。我们选择性别、年龄、婚姻状况、文化程度、打工年限、家庭收入主要来源、家庭年收入作为自变量。具体的样本描述性统计见表 5-9 所示。

表 5-9　农民工样本基本特征与城市融合类型相关性的描述性统计（样本总数 =799）

变　量	基本特征	样本数	比　例	融合型	
				人　数	比　例
性别 X_1	1= 男	436	54.57	98	22.48
	2= 女	363	45.43	70	19.28
年龄 X_2	1=20 岁以下	102	12.77	12	11.7
	2=20—35 岁	336	42.05	98	29.17
	3=35—50 岁	245	30.66	50	20.41
	4=50 岁以上	116	14.52	8	6.70
婚姻状况 X_3	1= 无配偶	356	44.56	87	24.44
	2= 有配偶	443	55.44	81	18.28
文化程度 X_4	1= 小学或以下	193	24.16	28	14.51
	2= 初中	328	41.05	45	13.72
	3= 高中或中专	233	29.16	66	28.33
	4= 大专及以上	45	5.63	29	64.44
打工年限 X_5	1=5 年以下	293	36.67	62	21.16
	2=5—10 年	326	40.80	69	21.17
	3=10 年以上	180	22.53	37	20.56
家庭收入主要来源 X_6	1= 农业收入	194	24.28	36	18.56
	2= 外地打工收入	344	43.05	85	24.71
	3= 非农家庭经营收入	186	23.28	36	19.35
	4= 其他途径	75	9.39	11	14.67
家庭年收入 X_7	1=3 万以下	83	10.39	16	19.28
	2=3—5 万	316	39.55	54	17.09
	3=5—8 万	226	28.28	75	33.19
	4=8 万以上	174	21.78	23	13.22

假定因变量 Y=1 代表“融合型”，而 Y=0 代表“不是融合型”。

为检验“融合型”与各因素之间是否相互关联，我们先可以假设：

H_0：融合型（Y）与影响因素（Xn）之间是无关或相互独立的；

H_1：融合型（Y）与影响因素（Xn）之间是相关或不独立的。

本文利用列联表进行独立性检验与相关分析，以 Pearson Chi-square 统计量为独立性检验指标，判断定居意愿与各因素之间是否存在关联性，以 Kendall's tau-b 系数为相关分析指标，判断各因素的影响程度与方向。根据 799 位农民工的相关数据，运用 SPSS16.0 进行卡方检验，分析结果见表 5-10 所示。

表 5-10　各因素对农民工城市融合的影响

影响因素	独立性检验		相关分析	
	Pearson Chi-square 值	显著性水平	Kendall's tau-b 系数	显著性水平
性别 X_1	1.216	0.270	–0.039	0.267
年龄 X_2	32.681**	0.000	–0.080**	0.006
婚姻 X_3	4.501**	0.034	–0.075**	0.035
文化程度 X_4	74.049**	0.000	0.213**	0.000
打工年限 X_5	0.031	0.985	–0.005	0.892
家庭收入来源 X_6	5.662	0.129	–0.019	0549
家庭年收入 X_7	29.615**	0.000	0.017	0.573

注：*、** 分别代表 10%、5% 的显著性水平。

从分析结果来看，年龄、婚姻、文化程度、打工年限以及家庭年收入对农民工城市融合产生显著的影响。

第一，年龄对城市融合呈负面的显著影响。该因素的 Pearson Chi-square 在 0.05 显著性水平下拒绝了相互独立的原假设，说明年龄因素会影响农民工在城镇的融合状态，而且，Kendall's tau-b 系数为负，反映了年龄越大城市融合就越困难。年纪较大的农民工，在乡土亲情的召唤下，倾向于回乡落叶归根，对城市的认同感与归属感降低。年纪小的农民工乡土情结比较淡化，更认同丰富多彩的城市物质和精神文化生活，因而是“融合型”的概率较大。

第二,农民工婚姻状态与城市融合有着显著的关联性。该因素的Pearson Chi-square 在 0.05 显著性水平下拒绝了相互独立的原假设,且Kendall's tau-b 系数为负,反映了有配偶的农民工较单身的农民工实现与城市完全融合的可能性较低。可能的原因是,由于家庭负担重,降低了生活质量,从而感觉难以适应眼前的城市生活状态的。

第三,文化程度也对农民工城市融合也产生显著的影响。文化程度的Pearson Chi-square 在 0.05 显著性水平下也拒绝了相互独立的原假设,而且Kendall's tau-b 系数为正,说明了农民工受教育程度越高,接受信息与技术能力越强,赚钱的机会就越大,就会越容易适应城镇的工作和生活方式,因而是“融合型”的概率就越大。

第四,家庭年收入与农民工城市融合也显著相关。该因素的 Pearson Chi-square 在 0.05 显著性水平下拒绝了相互独立的原假设,而且 Kendall's tau-b 系数为正,说明农民工收入越高,适应城市生活能力越强,从而越容易融入城市社会。

在此次列联分析中,性别、打工年限及家庭收入来源等因素未能拒绝相互独立的原假设。在 5% 显著性水平下,相关变量按 Kendall's tau-b 系数绝对值大小依次排列为:文化程度、年龄、婚姻、家庭年收入,即文化对农民工城市融合产生最大的影响,其次是年龄,再次是农民工婚姻状况以及家庭年收入。

第二节 农民工承包地处置现状

已经从农村与农业领域退出的农民如何处置家乡土地资源,以及如何看待土地管理制度改革问题? 这是本书研究的核心问题。理论上来讲,土地承包经营权与宅基地使用权问题是农村土地管理制度的两大难题,都应该是本书研究的重点内容,但是鉴于宅基地,尤其是老宅基地产权碎片化严重,往往涉及多户人家或几代人的产权利益,难以在较短的时间内作出明确的决断。因此，本次问卷调查我们主要是围绕着承包地问题来展开调查研究的，当然，在开放式的个人访谈中有涉及宅基地问题。

一、家乡承包地处置现状

针对农民工家乡承包地处置现状，调查问卷设置的题目有6个选项：①仍由自己承包并耕种（自己或亲属耕种）；②仍由自己承包但基本上已荒废；③转包或租赁给别人耕种；④已由集体收回承包权；⑤已被全部征用；⑥原本就没有承包地。这是单选选择题，由此可以直观地反映样本农民工家乡承包地的利用状态，也可以筛选出没有承包地的样本。从反馈的数据来看，仍由自己承包并耕种，包括自己或亲属亲友耕种的占比29.67%，基本荒废的占比17.02%。同时，转包给他人耕种的占比26.53%。

表5-11　农民工承包地处置现状　（单位：个、%）

选　项	频　数	比　例
仍由自己承包并耕种	237	29.67
仍由自己承包但基本上已荒废	136	17.02
转包或租赁给别人耕种	212	26.53
已由集体收回承包权	21	2.63
已被全部征用	86	10.76
原本就没有承包地	107	13.39
合计	799	100.00

从表5-11可以看出，选择④、⑤或⑥的共有214个样本。即有214个样本目前没有承包地。选择“原本就没有承包地”的大部分是新生代农民工，在最近一轮的农村集体土地承包权调整中没有分到土地，当然，也不排除另一种情况：他们是有分到承包地，但由于平时没有关注也没有耕种过，所以填了该选项。不过，这些问题不影响本书后续研究结论的可靠性，

因为我们关注的中心议题是农民承包地的处置意愿以及土地改革意愿，因此，在下文的处置意愿实证分析中，我们将把有效样本界定在拥有承包地的585个，而把没有承包地的样本全部剔除。

如果排除了没有承包地的样本，那么拥有承包地的585个样本农地处置现状比率发生变化，详细见表5–12。

表5–12　有效样本农民工的承包地处置现状　（单位：个、%）

选　项	频　数	比　例
仍由自己承包并耕种	237	40.51
仍由自己承包但基本上已荒废	136	23.25
转包或租赁给别人耕种	212	36.24
合计	585	100.00

表5–12显示，仍由自己承包并耕种（自己或亲属耕种）的占比最大，达到50.77%，其次是转包或租赁给别人耕种为36.24%，比2012年初笔者在福州地区调查时的数据31.8%高了约5个百分点[①]，显示当前农村土地流转速度在加快。农民工家乡农地处于基本荒废的也占了23.25%。

二、关于农村土地价值的看法

中国自古以来就是以农为本的社会，农民对土地具有强烈的情感和心理上的依赖性。而长期实现的城乡二元土地产权制度，也固化了农民对农村土地的依附关系。农民与耕地，是目前最为复杂的认识领域。深入了解农民对土地价值的认识，可以为土地政策的演进提供必要的微观基础。本书对农村土地价值给出的选项有：①基本生活保障；②家庭收入的重要来源；③农民的命根子；④种地是农民的职业；⑤给予归属感与安全感；⑥乡村生活的身份标志；⑦土地有增值的空间；⑧其他（请说明）。交代样

① 参见笔者：《中国城镇化进程中农民退出机制研究》，人民出版社2012年版，第95页。

本农民工按照优先次序最多选择三项。具体见表 5–13 所示。

表 5–13 农民工对土地价值认识的优先次序选择 （单位：个、%）[①]

选 项	一 选		二 选		三 项	
	频 数	比 例	频 数	比 例	频 数	比 例
①	135	23.08	146	27.44	63	16.67
②	91	15.56	78	14.66	36	9.52
③	127	21.71	102	19.17	89	23.54
④	55	9.40	23	4.32	34	8.99
⑤	68	11.62	50	9.40	69	18.25
⑥	42	7.18	54	10.16	33	8.73
⑦	65	11.11	79	14.85	54	14.30
⑧	2	0.34	0	0	0	0
合计	585	100.00	532	100.00	378	100.00

注：①基本生活保障；②家庭收入的重要来源；③农民的命根子；④种地是农民的职业；⑤给予归属感与安全感；⑥乡村生活的身份标志；⑦土地有增值的空间；⑧其他（请说明）。

表 5–13 显示，585 个有效样本（拥有承包地的农民工）都回答了第一选项。其中，有 135 人选择了“基本生活保障”，占比 23.08%，选择频数最多的前三个依次是：“基本生活保障”、“农民的命根子”和“家庭收入的重要来源”。此三项选择频数占比超过 60%，可见，绝大多数农民工仍然把土地当做他们立命安身的基本保障。有 532 个样本回答了第二选项，按频数次序为：“基本生活保障”、“农民的命根子”、“土地有增值的空间”等，此三项占比 61.46%。另有 378 个样本回答了第三选项，其中，频数最高的是“农民的命根子”。

① 表中的比例为选项频数与总频数之间的百分比。

表 5-14　农民工对土地价值认识的多响应变量分析　（单位：个、%）

选　项	选项百分比		案例百分比
	选项频数	百分比	
基本生活保障	344	23.01	58.80
家庭收入的重要来源	205	13.71	35.04
农民的命根子	318	21.27	54.36
种地是农民的职业	112	7.49	19.15
给予归属感与安全感	187	12.51	31.97
乡村生活的身份标志	129	8.63	22.05
土地有增值的空间	198	13.25	33.85
其他	2	0.13	0.34
合计	1495	100.00	255.56

从多响应变量分析来看，农民工对土地价值认识选择最多的是“基本生活保障”，其次是“农民的命根子”，再次是“家庭收入的重要来源”。而从案例百分比来看，58.80% 的样本农民工选择了“基本生活保障”，排在第二位的是“农民的命根子”，所占的比例为 54.36%，35.04% 的样本选择了“家庭收入的重要来源”，而认为“土地有增值的空间”和“给予归属感与安全感”也达到三成以上。

三、承包地处置意愿

已经从农村与农业领域退出的农民如何处置家乡的承包地，这是本书研究的重点内容，为此，我们在调查问卷中设置了三个题目来测试农民工的承包地处置意愿。

第一个题目（C4）：“如果您的家庭已全部搬迁到城里，在城里定居生活，您希望如何处置承包地？”给出的选项有：①被国家或集体征用；②转包或租赁给别人；③无偿地退还给集体；④如果补偿合理，退还给集体；⑤先荒废一段时间再说;⑥其他。要求农民工选择其中一项。调查结果详见表 5-15。

表 5-15　农民工承包地处置意愿　（单位:个、%）

选　项	频　数	比　例
被国家或集体征用	132	22.56
转包或租赁给别人	246	42.05
无偿地退还给集体	0	0
如果补偿合理,退还给集体	96	16.41
先荒废一段时间再说	102	17.44
其他	9	1.54
合计	585	100.00

表 5-15 显示,从农村与农业领域退出的农民处置家乡承包地最大在期望是“转包或租赁给别人”,选择该项的占比达到 42.05%,这与前面处置现状中“转包”比例（36.23%）高出约 6 个百分点,说明农民工农地流转的意愿还是很强的。同时,注意到“无偿地退还给集体”为 0,而“如果补偿合理,退还给集体”的比例达到 16.41%,随着强农惠农政策的不断加码,附加在土地上的价值也越老越高,作为理性的市场主体,农民工必然会对土地增值的空间寄予厚望,因而补偿条件若不满足,他们不会轻易放弃承包地的。

第二个题目（C5）:“如果您不再从事农业,并满足 C6（即下题）中条件之一,您会放弃承包地吗?”可供选项及样本回应结果如表 5-16 所示。

表 5-16　市民化条件下农民工承包地处置意愿　（单位:个、%）

选　项	频　数	比　例
无论如何也不会放弃	189	32.31
如果条件满足愿意放弃	302	51.62
视情况而定	94	16.07
合计	585	100.00

选择“如果条件满足愿意放弃”的有302人，占到样本总数的51.62%，与表5-15中“如果补偿合理，退还给集体”的96人多出206人，主要原因在于第一题中“补偿合理”的边界较为含糊，农民对补偿标准有疑虑，尤其在基层政府得不到农民充分信任的背景下，农民工不会贸然地退出土地承包权。第二题补偿内容较为明确，可供选择的补偿内容较多。由于农民工个人、家庭条件及资源禀赋有差异，对退地补偿的要求也千差万别，所以，如果条件得到满足，愿意放弃承包地的比例就会明显上升。

第三个题目：“您愿意放弃承包地的前提条件是什么？”这是针对第二题中“如果条件满足愿意放弃”的302个样本提出的问题，可供选项及样本回应结果如表5-17所示。该调查内容借鉴了笔者的前期研究成果。①

表5-17 农民工样本放弃土地承包权的先决条件 （单位：个、%）

选　项	频　数	比　例
获得合适的补偿金	60	19.87
解决城市户口	31	10.26
以土地置换城里的住房	67	22.19
在城里有稳定收入的工作	46	15.23
以土地置换养老保险与医疗保险	63	20.86
解决子女就学或就业问题	35	11.59
其他	0	0
合计	302	100.00

从表5-17可以看出，在补偿内容明确情况下，农民工放弃承包地的先决条件最多选项是“以土地置换城里的住房”，占比22.19%，说明住房问题是农民工融入城市的最大障碍；其他依次是“以土地置换养老保险与医

① 参见笔者：《中国城镇化进程中农民退出机制研究》，人民出版社2012年版，第101—103页。

疗保险”（20.86%）、“获得合适的补偿金”（19.87%）、“在城里有稳定的工作”（15.23%）、“解决子女就学或就业问题”（11.59%）、“解决城市户口”（10.26%）等。这些说明住房、社会保障、工作等民生问题都是农民工关注的焦点，如果这些问题得不到解决，他们仍然会把老家的承包地作为退可以守的最后保障，而绝不会轻易地放弃土地承包权。

依据前面分析不难看出，在农民工已转移出农村与农业，且给予明确的补偿条件下，农民工对承包地的处置基本上出现了“无论如何也不会放弃”与“如果条件满足愿意放弃”这两种截然不同的决策态度，而只有16.07%的样本未能即时作出明确的答复。为了下文实证分析的方便，我们将农民工处置承包地意愿划分为“固守”、“放弃”与“观望”三个类型，结合个人访谈获得的资料，现将它们的特点简要地归纳如下表：

表 5–18　农民工承包地处置意愿三个类型　（单位：个、%）

类型	样本分布		决策态度	决策逻辑
	个数	比例		
固守	189	32.31	无论如何也不会放弃	土地是命根子，能给我们归属感与安全感；“落叶归根”，年纪大了想回老家；可以给自己和子女留个退路
放弃	302	51.62	如果条件满足愿意放弃	反正不再从事农业，与其荒废不如获取补偿金；如果能解决城里住房，就不想回去了；自己不会农活，留着用处不大，还不如退出以获取补偿
观望	94	16.07	视情况而定	土地有增值的空间，不急着退出；未来存在许多不确定性因素；也许将来还会重新回乡务农

四、农村土地管理制度改革意愿

尊重农民的权益和意愿是中国六十多年来革命和建设实践中的一条宝贵的经验总结。农村任何一项改革的成功，都离不开农民的积极支持与参与。因而，了解农民对土地改革的认知及意愿，也是本书研究的重要内容。

（一）农民工对农村土地所有权属性的看法

由于中国农村土地制度具有“集体所有权的主体缺位、权能残缺”等内在缺陷，使得集体所有权虚化现象特别突出，农民的土地权属意识也非常淡薄，大部分农民都认为农村土地是属于国家所有的，学术界一些学者的调查研究也印证了这个事实。如陈小君等（2004，2010）、梅东海（2007）通过问卷调查发现，村民倾向于认为土地所有权归属国家。当然，农民认同土地属于国家，并不妨碍他们认为自己享有支配和处理土地的权利。在本书调查中，我们也设置了一个题目来考察农民工对农村土地所有权属性的看法：“您认为农村土地的所有权归谁所有？”可供选项及样本回应结果如表 5–17 所示。

表 5–19　农民工对农村土地所有权的看法　　（单位：个、%）

选　项	国　家	农村集体	农民个人	说不清楚	合　计
频　数	302	298	105	94	799
比　例	37.80	37.30	13.14	11.76	100.00

从表 5–17 可以看出，对农村土地权属关系回答正确的不到四成，认为是“国家”的与认为是“农村集体”的基本上相当，说明农民工对农村土地所有属性的认识仍处于模糊状态，一方面是由于文化程度较低致使他们在认识上出现偏差，在另一方面，长期以来，由于我们没有对“农民集体”或“农村集体”的边界给予明确的法律界定，导致了广大农民的土地权属认识模糊。认为是“农民个人”的也占了 13.14%，另有 11.76% 的农民工说不清楚。因此，总体而言，大部分农民工样本对农村土地所有权属性的认识出现错误倾向，这与学术界既有研究的结论基本相吻合。

（二）农民工对农村土地制度改革的关注度

当被问到“对当前农村土地制度改革的看法”时，大多数农民工觉得很茫然，不知如何回答。说明该群体对该项议题的关注度不高。在被调查的 799 个有效样本中，平时经常关注农村土地改革议题的只有 92 人，仅占总数的 11.51%,没有关注的高达 436 人,占比 54.57%,偶尔关注的 271 人,33.92%。可见,农民工对农村土地制度改革问题缺乏热情,一是他们长期远离家乡土地,“打工赚钱”成为他们生存与发展的第一要务;二则由于眼前利益没有受到损失,如果没有涉及切身利益,一般不会引起他们的特别关注。只有在遇到家乡要征地或被敦促农地流转时,他们才会去积极了解。

(三)农民工对农村土地改革的意愿

在问卷中,我们没有设定专门的题目来展开调查,而是进行开放式的个人访谈,内容主要包括对农地制度及其改革的认知与意愿。综合调查结果,我们将收集到信息整理归纳,现简要地介绍如下:

1. 保障土地权益是农民工对农地改革的最大期盼

在访谈中,我们了解到,尽管农民工平时对农地制度改革议题关注度不高,但并不影响他们维护自身土地权益的决心,大部分人认为农地制度改革应该更多地顾及农民的土地权益。因此,他们纷纷表示反对强制征地,也反对用行政手段强制推动农地流转的做法,希望能长久稳定地拥有土地承包权。由此可见,新一轮农村土地管理制度改革必须确保农民权益,必须以农民利益不受损为底线,否则,制度改革就会由于得不到农民的支持而难以为继。

2. 大部分农民工希望农村土地管理能公开透明化

基层政府在农地管理中一般都处于强势地位,拥有较多的行政资源和信息资源,而农民的知情权、监督权与决策权往往得不到有效保障,由此必然导致农民对政府权威的不信任,也影响了农村土地管理的实效性。我们调查中发现,很多农民工宁愿将耕地粗放经营甚至荒废,也不愿意将耕地交由基层政府来推动流转,一则担心被政府无偿收回,二则担心农地流转利益分配不公平。如此必然导致政府与农户处于“双输局面”,既影响了农村土地的集约利用与规模化经营,也造成了农民土地收益的损失。大部分农民工都希望农地管理能公开透明化,能体现他们的利益表达权、话语权。显然,充分尊重农民的主体地位,逐步提升农民参与农地管理决策程度,必然是今后农地管理制度优化的重要方向。

3. 大多数农民工愿意把农地流转出去,但对农地流转的内涵认识不清

在坚持农村土地集体所有的前提下,促使承包权和经营权分离,形成所有权、承包权、经营权三权分置、经营权流转的格局,是走中国特色农业现代化道路的必然要求,也是当前深化农村土地制度改革的重要环节。随着农村人口流动的加速,以及农地流转市场的逐渐完善,我国农地流转的速度与规模都在不断加快、扩大。但是,在我们调查中也发现,农地流转区域差异明显,偏远山区、灌溉条件较差的地区,农地流转发生率不高。“种地赚不了钱,荒废在那又觉得可惜”,这是多数农业转移人口的心声,但是,基于客观条件以及政策限制,很多农民工都承认存在农地流转不畅现象。值得一提的是,不少农民工对农地流转的内涵认识不全,弄不清“所有权、承包权、经营权”之间逻辑关系,也不知道有“农村产权交易以农户承包土地经营权、集体林地经营权为主,农村集体土地所有权和承包权不得流转”的政策规定。也有一些农民工希望能放开农地流转的限制,如“农民对土地的使用权利只限于农业用途”、希望宅基地能自由买卖、允许农地承包权上市交易等等。无疑地,这些主张与现有政策法规相抵触的,如何正确引导农民合理、合法使用土地,是当前优化农村土地管理制度的又一项重要内容。

第三节　农民工农地处置意愿及其相关影响因素分析

在前面,我们以福建省福州、厦门、泉州三地市进城务工农民为具体观察对象,通过大量的问卷调查和访谈,了解到农民工城市融合现状、农地资源处置现状、处置意愿及农地改革意愿。在本节,我们将运用 Logistic 回归模型,实证分析市民化条件下农民工处置农地意愿的相关影响因素;测量农民工家庭资源禀赋、城市融合现状与农地处置意愿的相关性。

一、研究假设与变量选择

农民工处置农地是一种生产决策行为，根据行为科学理论，行为是由动机来驱动，动机又是由需要而产生，而需要又是内在和外在因素交互作用的产物。因此，农民工作为理性的市场经济主体，对农村土地处置意愿完全是内在因素与外部环境交互作用的结果。基于既有文献和本书问卷调查的实际情况，对于农民工处置家乡农地的影响因素，我们提出以下假设：

（一）农民工的内在因素对农地处置意愿产生显著的影响

农民工的内在因素是农民工样本所具有的一些个性特征，主要包括个人条件与家庭资源禀赋两个方面，本书选取了12个变量来体现农民工的内在因素，分别是性别、年龄、婚姻、文化程度、打工年限、土地产权认知、土地改革关注度、家庭收入主要来源、家庭年收入、家庭成员构成、承包地（仅指耕地）数量、承包地处置现状等。这12个变量涵盖了农民工个人特征与家庭资源禀赋的主要方面。现将它们对农地处置意愿影响作出如下的理论假设：

1. 农民工个人特征

①性别。男性在城市的谋生能力较强，打工赚钱以及要摆脱贫困的强烈动机，会促使他离开乡土迁移至城市，因而愿意放弃农地的可能性较大；②年龄。年龄较小的农民工比较向往城市生活方式，且对家乡感情较为淡薄，愿意放弃农地的可能性较大，反之，年龄大的农民工土地情结较为浓厚，放弃土地的概率较低；③婚姻。一般而言，有家庭负担的农民工在城市生存的成本较高，负担较大，轻易放弃土地的可能性较小，不过，如果他们认为放弃土地获得补偿可以让他们更快地融入城市，并且愿意定居城市，那么他们也有放弃农地的驱动力，因而，婚姻状态对农民工的农地处置意愿的影响较为复杂，指向不明；④文化程度。一般地，农民工受教育程度越高，信息搜索和接受技术能力较强，容易融入合城市，因而愿意放弃农地的可能性较大。但在另一方面，学历较高的农民工，维护土地权益意识较为

强烈，且对家乡土地价值增值的预期也较高，因而文化程度对农民工农地处置意愿的影响也较为复杂；⑤打工年限。进城打工时间越长，对土地的依赖性也越弱，放弃土地的可能性也越大；⑥对土地产权的认知。清晰了解农地产权属性，有助于他们对农地处置策作出明智的决策。当然，该变量对农地处置意愿影响比较复杂，指向不明；⑦对农地制度改革关注情况。平时比较关注该方面议题的，也会影响农民工农地处置意愿与决策，同样，该变量的影响方向不明，有待进一步的实证研究。

2. 家庭资源禀赋

①家庭收入主要来源，一般情况下，家庭收入主要来源于农业的，比较倾向于固守农地，而不会作出退出农地承包权的决策；②家庭年收入。家庭年收入对农民工农地处置决策影响不明确，一般地，如果家庭收入高且主要来源于非农产业的，那么愿意放弃土地的可能性较大，否则可能性较小；③家庭成员构成。一般地，受年纪较大的长辈影响，和父母 2 代以上居住的家庭比较倾向于固守土地；④承包地数量。承包地数量越多，持有的价值就越大，且按现有的政策享受更多的种粮补贴，因而放弃土地的意愿较低；⑤承包地处置现状。一般而言，家乡土地基本处于荒废状态的农民工倾向于放弃土地。

（二）农民工的外部环境对农地处置意愿产生显著的影响

农民工所处的外部环境对其农地处置意愿也会产生显著的影响。本书所指的外部环境主要是从农民工来源地与打工所在城市两个方面来考察。我们用所在地区、地理区位这两个变量来体现农民工来源地经济社会发展程度；在打工所在城市方面，由于我们样本集中在福州、厦门与泉州，这三地市经济社会发展程度比较接近，都是沿海较发达城市，所以，结合调查问卷内容，我们使用农民工城镇融合类型来体现这个变量。尽管该变量是农民工的主观认知，也与农民工的内在因素有关联（如前面的实证分析已证明，农民工样本的文化程度、年龄、婚姻、家庭年收入对其城市融合有显著性影响），但是，所在城市的经济、社会、文化状况也是农民工城市融合分化在外在驱动因素。

1. 家乡所在地区

本书简单地划分为东部与中西部两个地区。东部地区经济与社会发展程度较高,农村土地价值上涨的空间较大;且由于该地区农民较早地接受市场经济洗礼,市场决策能力较强,因而,从理论上来讲,来自该地区的农民工较倾向于固守农地承包权。

2. 家乡地理区位

家乡区位主要划分为偏远地区与其他地区(包括城市郊区和市区)两大类。本书将农民工的家乡距离最近县城超过 20 公里的定义为偏远地区。一般地,受级差地租影响,城市郊区地理位置优越,且土地资源有限,土地需求量大,土地价值增值空间大,该地区农民工对农地承包权往往倾向于"固守";而远离城市的偏远农村地区由于土地地理位置不好,土地需求少,价值增值的空间较小,因而该地区的农民工对农地承包权倾向于"放弃"。

3. 城市融合状态

按照前文,本书将之区分为"融合型"、"半融合型"和"游离型"三种。一般地,"融合型"比"半融合型"及"游离型"更愿意在城市定居,因而放弃农地获得补偿的意愿也较大。

二、数据来源及描述性统计

上述变量的数据来源于前文所论述的调查问卷。样本总数为 585(剔除掉没有承包地的样本)。各变量的描述性统计见表 5–20 所示。

表 5–20 农民工农地处置意愿影响因素各变量的描述性统计(样本总数 =585)

变 量	变量值及其分布情况	预期方向
性别	1= 男性(57.78);0= 女性(42.22)	放弃 +;固守 –
年龄	1=35 岁及以下(57.09%);0=35 岁以上(42.91)	放弃 +;固守 –
婚姻	1= 有配偶(52.14%);0= 无配偶(47.86%)	指向不明

续表

变　量	变量值及其分布情况	预期方向
文化程度	1= 初中及以下（54.36%）;0= 高中及以上（45.64%）	指向不明
打工年限	1=5 年以下（37.09%）;2=5—10 年（34.70%）;3=10 年以上（28.21%）	放弃 +;固守 -
土地产权认知	1= 正确（36.24%）;0= 其他（63.76%）	指向不明
农地改革关注情况	1= 经常（11.28%）;0= 其他（88.72%）	指向不明
家庭收入主要来源	1= 农业收入（25.30%）;0= 其他（74)70%）	固守 +;放弃 -
家庭年收入	1=3 万以下（13.16%）;2=3—8 万（60%）;3=8 万以上（26.84%）	指向不明
家庭成员构成	1= 和父母 2 代或 3 代人一起生活的家庭（35.73%）;0= 其他（64.27%）	固守 +;放弃 -
承包地数量	连续变量（亩）,均值 =3.72	固守 +;放弃 -
承包地处置现状	1= 自己承包并耕种（40.51%）;2= 自己承包但基本荒废（23.25%）;3= 转包给别人（36.24%）	固守 +;放弃 -
家乡所在地区	1= 东部（39.65%）;0= 中西部（60.35%）	固守 +;放弃 -
家乡地理区位	1= 偏远地区（57.6%）;0= 其他（42.4%）	放弃 +;固守 -
城市融合类型	1= 融合型（25.81%）;0= 其他（74.19%）	放弃 +;固守 -

三、模型选择及变量定义

由于农民工土地承包权处置意愿是一个二向性（Dichotomy）问题，计量经济学中常将这类问题设置为 1 或 0 的虚拟变量（Dummy Variable），并运用 Logistic 模型来处理这类问题。以分析农民工农地处置意愿的相关影响因素。我们分别以"是不是固守？""是不是愿意放弃？"作为因变量，以表 5-20 中各变量为自变量，利用 Logistic 模型来分析农民工土地承包权处置意愿与各自变量之间的逻辑关联。

二分类 Logistic 回归方程为：

$$\text{logit}(p)=\ln\left[\frac{p}{1-p}\right]=\beta_0+\beta_1\beta X_1+\cdots+\beta_n X_n, \tag{5.1}$$

式中，$\ln\left[\frac{p}{1-p}\right]$为农民工农地处置意愿类型（“固守”或“放弃”）发生比率的自然绝对数值;P代表农民工选择该意愿发生的概率;X_i（$i=1, 2, \cdots, n$）为解释变量,也就是主要的影响因素;β_0为常数项,β_i（$i=1, 2, \cdots, n$）为待估计系数。

根据农民工土地处置意愿的影响因素各变量的描述性统计,本书中被解释变量为农民工处置意愿类型,解释变量分为农民工自身内部因素和外部环境因素两个方面。变量具体定义见表5–21。

表5–21 变量定义

变量名称（符号）	变量定义
农民工是否固守土地承包权（y_1）	是=1;否=0
农民工是否愿意放弃土地承包权（y_2）	是=1;否=0
性别（X_1）	男=1;女=0
年龄（X_2）	35岁及以下=1;35岁以上=0
婚姻（X_3）	有配偶=1;无配偶=0
文化程度（X_4）	初中及以下=1;高中及以上=0
打工年限（X_5）	5年以下=1;其他=0
打工年限（X_6）	5—10年=1;其他=0
打工年限（X_7）	10年以上=1;其他=0
土地产权认知（X_8）	正确=1;其他=0
农地改革关注情况（X_9）	有=1;其他=0
家庭主要收入来源（X_{10}）	农业=1;其他=0
家庭年收入（X_{11}）	3万以下=1;其他=0
家庭年收入（X_{12}）	3—8万=1;其他=0

续表

变量名称（符号）	变量定义
家庭年收入（X_{13}）	8 万以上 =1;其他 =0
家庭成员构成（X_{14}）	和父母 2 代或 3 代人一起生活的家庭 =1;其他 =0
承包地数量（X_{15}）	亩
承包地处置现状（X_{16}）	自己承包并耕种 =1;其他 =0
承包地处置现状（X_{17}）	自己承包但基本荒废 =1;其他 =0
承包地处置现状（X_{18}）	转包给别人 =1;其他 =0
家乡所在地区（X_{19}）	东部 =1;其他 =0
家乡地理区位（X_{20}）	偏远地区 =1;其他 =0
城市融合类型（X_{21}）	融合型 =1;其他 =0

四、实证分析

本书借助 SPSS 16.0 统计分析软件来实现模型计算。由于假定所有变量对农民工退地意愿具有显著的影响,因而本书首先采用强制进入模型方法（Enter）,得到回归模型结果见表 5–22。表中 B、S.E.、Wald、Sig. 分别代表回归系数、标准误差、Wald 统计量、回归系数估计的显著性水平。

模型一通过了 1% 的显著性检验,其中，–2 Log likelihood=407.484[a];Cox&Snell R Square=0.430;Nagelkerke R Square=0.600,回归模型的拟合度较好,模型预测的准确率为 85.1%。从估计结果来看,家庭年收入（X_{11}）家庭年收入（X_{12}）、家庭成员构成（X_{14}）、承包地数量（X_{15}）家乡所在地区（X_{19}）、家乡地理区位（X_{20}）、城市融合类型（X_{21}）对因变量产生显著的影响。

模型二也通过了 1% 的显著性检验,其中，–2 Log likelihood=321.873[a];Cox&Snell R Square=0.566;Nagelkerke R Square=0.755,回归模型的拟合度较好,模型预测的准确率为 89.1%。年龄（X_2）、家庭主要收入来源（X_{10}）、家庭年收入（X_{12}）、家庭成员构成（X_{14}）、承包地数量（X_{15}）、承包地处置现

状（X_{16}）、家乡所在地区（X_{19}）、家乡地理区位（X_{20}）、城市融合类型（X_{21}）对因变量产生显著的影响。

表 5-22　模型参数估计结果（Method= Enter）

Explanatory variables	模型一				模型二			
	B	S.E.	Wald	Sig.	B	S.E.	Wald	Sig.
性别 X_1	0.368	0.253	2.119	0.145	0.390	0.292	1.792	0.181
年龄 X_2	-0.581	0.380	2.331	0.127	1.268	0.455	7.782	0.005
婚姻 X_3	0.594	0.388	2.344	0.126	0.048	0.451	0.011	0.915
文化程度 X_4	0.161	0.253	0.405	0.525	-0.230	0.294	0.611	0.434
打工年限 X_5	-0.097	0.324	0.089	0.766	0.182	0.377	0.233	0.629
打工年限 X_6	0.253	0.313	0.653	0.419	0.386	0.373	0.233	0.301
打工年限 X_7	–	–	–	–	–	–	–	–
土地产权认知 X_8	0.276	0.267	1.068	0.302	-0.244	0.311	0.616	0.433
农地改革关注 X_9	-0.199	0.397	0.251	0.616	0.145	0.491	0.087	0.768
家庭收入来源 X_{10}	0.126	0.294	0.185	0.667	-0.605	0.360	2.827	0.093
家庭年收入 X_{11}	-0.763	0.405	3.553	0.059	0.049	0.471	0.011	0.918
家庭年收入 X_{12}	0.517	0.303	2.908	0.088	0.924	0.354	6.816	0.009
家庭年收入 X_{13}	–	–	–	–	–	–	–	–
家庭成员构成 X_{14}	1.318	0.282	21.781	0.000	-0.691	0.339	4.146	0.042
承包地数量 X_{15}	0.163	0.094	3.033	0.182	-0.614	0.120	26.372	0.000
承包地处置现状 X_{16}	1.676	1.140	2.162	0.141	-2.139	1.228	3.033	0.082
承包地处置现状 X_{17}	-2.210	1.532	2.081	0.149	1.677	1.353	1.536	0.215
承包地处置现状 X_{18}	0.975	1.136	0.737	0.391	-1.886	1.225	2.370	0.124
家乡所在地区 X_{19}	0.671	0.263	6.518	0.011	-0.733	0.307	5.697	0.017
家乡地理区位 X_{20}	-1.968	0.274	51.595	0.000	2.613	0.323	65.525	0.000

续表

Explanatory variables	模型一				模型二			
	B	S.E.	Wald	Sig.	B	S.E.	Wald	Sig.
城市融合类型 X_{21}	-1.064	0.391	7.394	0.007	1.635	0.387	17.812	0.000
constant	-0.833	1.284	0.421	0.516	1.069	1.409	0.576	0.448
Nagelkerke R^2	0.600				0.755			
-2Loglikelihood	407.484[a]				321.873[a]			
Hosmer and Lemeshow Test（模型拟合度检验）	Sig.=0.643 Chi-square=6.041 Df=8				Sig.=0.378 Chi-square=8.588 Df=8			

为了较好地拟合模型，避免变量之间的共线性造成模型的偏差，使模型结果趋于严谨，使结论尽可能准确可靠，本书再次以最大局部似然为基础作似然比检验，向后逐步选择自变量，即运用向后逐步剔除法（Likelihood Ratio）对模型参数进行估计，剔除模型变量的标准是 0.10，变量进入模型的标准是 0.05。

模型一逐步回归经过 10 次迭代之后，得到模型参数估计结果见表 5-23。模型通过了 1% 的显著性检验，其中，-2 Log likelihood=415.147[a]；Cox&Snell R Square=0.422；Nagelkerke R Square=0.590，回归模型的拟合度较好，模型预测的准确率为 85.3%。此外，经过 10 次迭代后 HL（Homsmer-Lemeshow）=3.413，P=0.906，统计检验不显著，说明了模型具有较好的拟合效果。① 表 5-23 显示，年龄（X_2）、家庭年收入（X_{11}）、家庭年收入（X_{12}）、家庭成员构成（X_{14}）、承包地数量（X_{15}）、承包地处置现状（X_{16}）、承包地处置现状（X_{17}）、家乡所在地区（X_{19}）、家乡地理区位（X_{20}）、城市融合类型（X_{21}）对“固守”农地承包权的决策产生显著的影响。

① HL 指标用于 Logistic 回归模型拟合优度的检验。当 HL 指标统计显著时，表示模型拟合不好；相反，当 HL 指标统计不显著时，表示模型拟合较好（卢纹岱，2006）。

表 5-23　模型一参数估计结果（Method= Likelihood Ratio）

Explanatory variables	B	S.E	Wald	df	Sig.	Exp（B）
年龄 X_2	−1.011	0.247	16.709	1	0.000	0.364
家庭年收入 X_{11}	−0.722	0.395	3.341	1	0.068	0.486
家庭年收入 X_{12}	−0.500	0.299	2.805	1	0.094	0.606
家庭成员构成 X_{14}	1.286	0.271	22.457	1	0.000	3.619
承包地处置现状 X_{16}	0.776	0.274	8.002	1	0.005	2.173
承包地处置现状 X_{17}	−3.117	1.038	9.024	1	0.003	0.044
家乡所在地区 X_{19}	0.704	0.256	7.583	1	0.006	2.022
家乡地理区位 X_{20}	−1.930	0.266	52.459	1	0.000	0.145
城市融合类型 X_{21}	−1.003	0.381	6.945	1	0.008	0.367
constant	0.844	0.485	3.022	1	0.082	2.325

表 5 — 24　模型二参数估计结果（Method= Likelihood Ratio）

Explanatory variables	B	S.E	Wald	df	Sig.	Exp（B）
X_2	1.219	0.292	17.411	1	0.000	3.384
X_{12}	0.854	0.294	8.418	1	0.004	2.349
X_{14}	−0.839	0.324	6.700	1	0.010	0.432
X_{15}	−0.629	0.117	28.798	1	0.000	0.533
X_{16}	−3.573	0.577	38.300	1	0.000	0.028
X_{18}	−3.177	0.567	31.379	1	0.000	0.042
X_{19}	−0.685	0.298	5.288	1	0.021	0.504
X_{20}	2.568	0.310	68.627	1	0.000	13.038
X_{21}	1.654	0.368	20.203	1	0.000	5.229
constant	2.721	0.707	14.818	1	0.000	15.195

模型二逐步回归经过 11 次迭代之后，得到模型参数估计结果见表 5–24。模型通过了 1% 的显著性检验，其中，–2 Log likelihood=330.802[a]；Cox&Snell R Square=0.559；Nagelkerke R Square=0.746，模型预测的准确率为 88.0%。且经过 11 次迭代后 HL（Homsmer–Lemeshow）=10.447，P=0.235，统计检验不显著，也说明了模型具有较好的拟合度。表 5–24 显示，年龄（X_2）、家庭年收入（X_{12}）、家庭成员构成（X_{14}）、承包地数量（X_{15}）、承包地处置现状（X_{16}）、承包地处置现状（X_{18}）、家乡所在地区（X_{19}）、家乡地理区位（X_{20}）、城市融合类型（X_{21}）对“放弃”农地承包权的决策产生显著的影响。

五、结果与讨论

通过前面的实在分析可以看出，农民工农地处置意愿是内在因素与外在因素交互作用的结果，样本个人特征、家庭资源禀赋及外部环境对农民工农地处置决策产生显著的影响。具体分析如下：

（一）样本个人特征方面

其一，年龄（X_2）与“固守”高度负相关，与“放弃”高度正相关，说明 35 岁以下固守农地承包权的概率较小，而在条件满足情况下愿意放弃承包权概率较大，实证结果与理论假设方向一致。原因在于年纪小的农民工乡土情结比较淡化，更认同丰富多彩的城市物质和精神文化生活，因而如果得到合理补偿他们愿意退出农村土地承包权，以期更好地融入城市社会。

其二，个人特征中性别（X_1）、婚姻（X_3）、文化程度（X_4）、打工年限（X_5、X_6、X_7）、土地产权认知（X_8）、农地改革关注情况（X_9）对农民工农地处置决策没有产生显著的影响。

（二）家庭资源禀赋方面

其一，家庭年收入（X_{11}）、（X_{12}）与“固守”显著负相关、家庭年收入（X_{12}）与“放弃”显著正相关，说明低收入家庭愿意放弃农地的可能性极小，而随着收入水平的提高，愿意放弃农地的可能性变大。可能的解释是，农民工家庭收入高往往意味着他们在非农产业谋生能力较强，愿意定居城镇的决心较大，因而在获得合理补偿情况下倾向于放弃家乡耕地。

其二，家庭成员构成（X_{14}）与"固守"显著正相关，与"放弃"显著负相关，符合理论假设，说明和父母 2 代以上居住的家庭比较倾向于固守土地，可能的解释是，老一代的农民对土地很深的依赖性，乡土情感浓烈，因而不会轻易放弃土地，受此影响，农民工也倾向于固守农地承包权。

其三，承包地数量（X_{15}）与"放弃"呈高度负相关，即家里拥有的承包地数量越多，愿意放弃承包地的概率也越小，而大多会倾向于"固守"或采取"观望"的态度，这与前面理论假设相一致，原因是承包地数量多，潜在的价值也越大，而且按现有的政策可享受更多的种粮补贴，因而放弃土地的意愿较低。

其四，承包地处置现状（X_{16}）与"固守"显著正相关，与"放弃"显著负相关，承包地处置现状（X_{17}）与"固守"显著负相关，承包地处置现状（X_{18}）与"放弃"显著负相关，说明农民工农地处置现状显著影响其农地处置的决策，"自己承包并耕种的"倾向于固守承包权，放弃耕地的可能性极低；"基本荒废的"一般会愿意放弃承包权；相比之下，由于可以获得额外租金，处于流转状态的一般不愿意退出，而会倾向于固守承包权。

（三）外部环境方面

其一，家乡所在地区（X_{19}）与"固守"高度正相关，与"放弃"高度互相关，说明来自东部地区的农民工倾向于固守农地承包权，而放弃耕地的可能性极低，这与前面理论假设一致。原因在于东部地区经济与社会发展程度较高，城乡一体化发展较好，农村土地价值上涨的空间也较大，因而这里的农民拥有农地承包权的偏好也越强烈。

其二，家乡地理区位（X_{20}）与"固守"高度负相关，与"放弃"高度正相关，说明家乡地处偏远的农民工固守农地承包权的比率极低，而放弃承包权的概率极高，结果与前面的理论假设一致。原因在于，城郊土地级差地租较高，土地升值空间大，农民工放弃土地的可能性很小，反之，偏远地方，级差地租低，土地升值空间小，因而农民工愿意退出土地承包权的概率就很大。

其三,城市融合类型（X_{21}）与“固守”高度负相关,与“放弃”高度正相关,意味着能与城市实现实质性融合的农民工愿意放弃农地承包权的概率很大,在补偿条件得到满足的前提下,他们愿意放弃承包地以便能更好地在城市定居下来。

六、政策含义

实证研究表明,农民工样本的个人特征除了年龄变量外,对其农地处置决策意愿没有产生显著的影响,家庭资源禀赋几乎所有变量都有高度相关性,说明农民传统的家庭财产观念根深蒂固,家庭因素仍然是影响农民生产决策的重要变量。同时,外部环境对农民农地处置意愿也产生显著性影响。

家庭因素在短期内难以发生改变,而家乡所在地区、家乡地理区位是无法改变的现实,这就意味着城市融合状态的演进将对农民工农地处置产生关键性的影响。可以看出,农村土地管理制度的优化,不应该仅仅着眼于农村与农业领域,而要从城镇化与农民市民化协同发展的维度来推进。

第四节　农村生源大学生农地处置现状调查研究

以 1999 年为转折点,中国高等教育历经十余年的持续扩招,大学毛入学率从 1998 年的 9.8% 飞跃至 2013 年的 34.5%,全国高等教育的规模已经位居世界第一,彻底实现了从少数人“精英教育”向普通“大众化教育”的华丽转身。得益于高等教育的迅猛发展,我国农村青年接受高等教育的比率也迅速提高,越来越多的农村学子离开家乡进入城市、非农部门就学就业,落地扎根。然而,与城镇生源的大学生相比,农村生源大学生是城乡二元结构下的特殊群体:从成长的轨迹来看,他们经历了农村和城镇生活的不同环境;从社会身份来看,他们既是所谓的“天之骄子”大学生,又是户籍在农村的新一代农民。①

在本节,我们将把研究对象聚焦在农村生源大学生的农地处置现状及处置意愿方面,其目的有二:

其一,随着越来越多的农村学子在保留户籍的情况下进入城市就学与就业,他们的农地处置问题必将成为农村土地管理中面临的亟待解决的难题。尤其是,农村大学生毕业后定居城镇、职业长期非农化,其拥有的承包地将如何处置,目前法律法规与政策文件对此尚未形成统一且明确的规定。

其二,在计划生育作为一项长期基本国策的大背景下,农村家庭结构也随之发生明显的变化,人口少子化已成为农村人口再生产的主流。此意味着,作为农村的新生代,农村生源大学生对农地处置态度,对农地制度的认知及改革意愿将对我国现代农业发展路径产生重要影响。

基于如上认识,我们认为,考察农村生源大学生的农地处置问题也应该是当前农村土地管理制度研究的重要内容。近年来,一些学者开始关注这个课题,如叶芬（2011）指出,由于户籍制度和宅基地管理制度的缺陷,以及村民自治权利的滥用,农村大学生户口回到原籍后被转为非农户口,从而无法得到农村集体经济组织的成员权利,失去了应得的经济利益;赵强、齐志国（2013）认为农村籍大学生将农业户口转为了城镇户口,农村集体组织由于户籍或集体身份认定等原因对农村籍大学生的权益认识不足,使得农村籍大学生在征地补偿分配中处于弱势地位,损害了其土地权益;刘灵辉（2013）基于对319名农村大学生的调查,分析农村大学生入学后土地承包经营权现状及存在问题,对农村大学生土地流转意愿的影响因素进行实证研究;王珍珍（2014）从不同的集体成员资格界定阐述农村大学生土地权益的归属,并试图提出维护农村大学生土地权益的对策建议。综合来看,目前学术界相关研究尚处于起步阶段,有价值的研究成果极其匮

① 根据现有政策规定,每一个考上大学的学生都可以根据自己的意愿将自己的户口由家庭所在地迁移到学校所在地。户口迁移是自愿的,学生可以选择迁,也可以选择不迁。根据我们调查发现,由于种种原因,绝大多数学生没有迁移户口。

乏，而且已有研究多从宏观的角度来剖析农村大学生农地处置问题，个别文献尽管利用到微观实证的研究方法，但样本数量偏少，代表性不足，且对农村大学生农地处置意愿研究不够深入。因而，该研究领域尚存在着较大的拓展空间。

为了深入了解农村大学生非农化过程中的承包地处置问题，本课题组从 2014 年 5 月至 2015 年 8 月，采用问卷调查的形式，对福州大学城里的农村生源大学生进行实地调查。为了避免学生主观认知的偏差，如对家里承包地状况不知情或不熟悉，我们鼓励学生与家长联系，隔天通过约定的渠道返还问卷。共发出 900 张问卷，收回 822 张，剔除无效（错答或漏答）问卷，得到 786 个有效样本，有效率达到 95.62%。

问卷内容（见本书附件 2）主要有三大块：农村大学生个人与家庭的基本特征、承包地利用状况及失地学生土地意愿等。

一、样本的基本特征

本次调查样本具有较好的代表性，生源来自东部占比 54.20%，来自中西部占比 45.80%；专科生 22.77%，本科生 51.65%，研究生（包括博士与硕士生）25.58%；理工科类占比 53.56%，文科类 39.44%。样本基本特征详见表 5–25 所示。

表 5–25　受访农村大学生个人及家庭基本情况（样本总数 =786）

调查指标	频　数	比例（%）	调查指标	频　数	比例（%）
性别	786	100.00	家乡地理区位	786	100.00
男	415	52.80	偏远	354	45.04
女	371	47.20	近郊	432	54.96
学生类别	786	100.00	家庭年纯收入	786	100.00
专科	179	22.77	3 万以下	162	20.61
本科	406	51.65	3—8 万	363	46.18
研究生	201	25.58	8 万以上	261	33.21

续表

调查指标	频　数	比例（%）	调查指标	频　数	比例（%）
专业类别	786	100.00	家庭人口情况	786	100.00
理工科	421	53.56	3 人及以下	171	21.76
文科	310	39.44	4—5 人	409	52.04
其他	55	7.00	5 人以上	206	26.20
党员	786	100.00	家乡所在地区	786	100.00
是	235	29.90	东部	426	54.20
否	551	70.10	中西部	360	45.80
户口状态	786	100.00	家庭收入来源	786	100.00
迁到学校	216	27.48	农业	159	20.22
迁入城镇，非农	112	14.25	以农为主兼业	203	25.83
在老家，农业户	432	54.96	以非农为主兼业	298	37.92
其他	26	3.31	非农业	126	16.03

二、承包地利用状况

为了筛选出拥有承包地的样本，我们在问卷设置一个调查内容："你本人有承包地吗？"调查结果显示，农村大学生丧失承包地的比例超过三成，具体数据见表 5–26。

表 5–26　受访农村大学生承包地情况（样本总数 =786）

承包地情况	频　数	比例（%）
家里有承包地，我也有份	506	64.38
入学后承包地被集体收回	92	11.70
承包地全部被政府征收	77	9.80
入学前没有分到承包地	102	12.97
其他	9	1.15
合计	786	100.00

从表 5–26 可以看出，农村大学生入学后仍然拥有农村集体土地的占

比 64.38%。入学后承包地被集体收回的只占 11.70%，而前面样本描述性统计显示，入学后将户口迁到学校的占比 27.48%，说明了尽管部分学生户籍已迁出农村，但是农村集体并没有收回他们的土地，也许是“增人不增地，减人不减地”政策实施的结果。当然，需要强调的是，鉴于受访大学生远离家乡，甚至长期没有从事农田耕作，造成承包地情况与实情不一定完全符合，但是，我们研究的目的在于了解大学生对农地处置的决策意愿，因而，数据的稍微偏差不影响整体研究结果的可靠性。在下文中，我们将以 506 个拥有承包地的农村生源大学生作为有效样本，对他们的农地处置意愿相关影响因素进行实证分析。

三、农村大学生农地处置现状及处置意愿

调查显示，由亲属耕作是目前农村大学生处置承包地的最主要方式，在 506 个有承包地的样本中，由亲属耕作的有 206 个，占比 40.71%；处于流转状态的有 135 个，占比 26.68%；处于抛荒状态的有 91 个，也占了 17.98%（见图 5–3）。

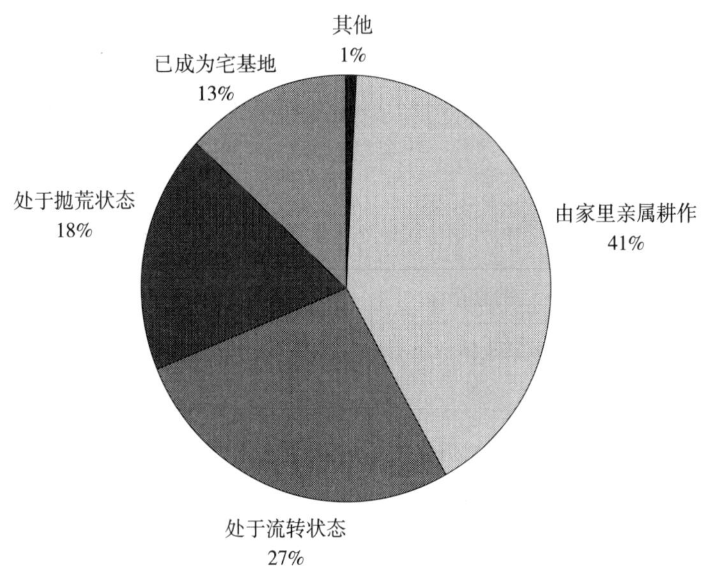

图 5–3　受访农村大学生农地处置现状分布图

接下来，我们以“如果将来你不再回乡务农，你希望如何处置承包地？”为题目来测量农村大学生非农化进程中对农地处置的意愿。测量指标及回应频数如表 5–27 所示。

表 5–27 受访农村大学生农地处置意愿（样本总数 =506）

调查指标	频 数	比例（%）
被国家或集体征用	43	8.50
转包或租赁给别人	201	39.72
如果补偿合理，愿意退还给集体	164	32.41
无论如何都要保留（不放弃承包权也不参与流转）	98	19.37
合计	506	100.00

由上表可以看出，农村大学生最希望处置农地的方式是转包或租赁给别人，占比 39.72%，其次是有条件地退还给集体，占比 32.41%。而选择“无论如何都要保留（不放弃承包权也不参与流转）”的仅占 19.37%。从测量指标来看，可以将农村生源大学生农地处置意愿区分为“农地退出”、“农地流转”和“农地保留”等三种类型，见表 5–28。

表 5–28 农村大学生农地处置意愿类型（样本总数 =506）

农地处置意愿	调查指标	基本特征	频 数	比例（%）
农地退出	被国家或集体征用；如果补偿合理愿意退还给集体	同时退出农地承包权与使用权	207	40.91
农地流转	转包或租赁给别人	保留承包权，让渡使用权	201	39.72
农地保留	无论如何都不放弃土地承包权和使用权	同时保留农地承包权与使用权	98	19.37

不难看出，农村生源大学生实现非农化后，农地处置意愿发生明显的分化，愿意有条件地退出农村土地承包权的占最大比重40.91%，其中包括希望被国家和集体征用，以及如何补偿合理情况下退还给农村集体组织；愿意转包或租赁等土地流转的占比39.72%，与“土地退出”基本相当；表示无论如何都要保留土地的所占比重最低。在相同的宏观背景下，农村大学生农地处置意愿发生分化的内在动因是什么？为此，本书需要进一步做影响因素的相关性研究，以揭示大学生农地处置意愿与各种变量之间的逻辑关联。

四、农地处置意愿各种变量的描述性统计

依据本书设计的调查问卷内容及获取的实际数据，我们先对影响农村生源大学生农地处置意愿分化的个人特征、家庭条件、家乡环境、农地情况等各种解释变量进行描述性统计，详细见表5-29所示。

表5-29　影响因素变量定义及描述性统计（样本总数=506）

变　量	变量名	变量定义	平均值	标准差	最小值	最大值
个人特征						
性别	X_1	男=1；女=0	0.549	0.498	0	1
学历	X_2	研究生=1；本专科=0	0.251	0.434	0	1
学科	X_3	理工科=1；其他=0	0.530	0.500	0	1
党员	X_4	是=1；否=0	0.296	0.457	0	1
户籍	X_5	在老家，农业=1；其他=0	0.543	0.499	0	1
农地承包政策认知	X_6	了解=1；其他=0	0.381	0.486	0	1
毕业后职业意向	X_7	留着城里=1；其他=0	0.727	0.446	0	1
家庭条件						
家庭年纯收入	X_8	自然对数；连续变量	11.13	0.278	10.06	11.75

续表

变　量	变量名	变量定义	平均值	标准差	最小值	最大值
收入主要来源	X_9	农或以农为主 =1;其他 =0	0.490	0.500	0	1
家庭总人口	X_{10}	连续变量（个）	4.310	0.985	2	7
劳动力农业就业比重①	X_{11}	连续变量	0.445	0.428	0	1
家乡环境						
家乡所在地区	X_{12}	东部 =1;中西部 =0	0.524	0.500	0	1
家乡地理区位	X_{13}	偏远 =1;近郊 =0	0.478	0.500	0	1
农地情况						
家庭人均耕地数量	X_{14}	连续变量（亩）	0.837	0.336	0.340	1.800
承包地灌溉条件	X_{15}	好或较好 =1;其他 =0	0.379	0.486	0	1
承包地利用现状	X_{16}	亲属耕种 =1,其他 =0	0.401	0.491	0	1
承包地利用现状	X_{17}	流转状态 =1;其他 =0	0.267	0.443	0	1
承包地利用现状	X_{18}	抛荒状态 =1;其他 =0	0.180	0.384	0	1
承包地利用现状	X_{19}	宅基地 =1;其他 =0	0.126	0.333	0	1

五、模型选择及实证分析

由于本书将农村大学生农地处置意愿分为三类型:农地退出、农地流转、农地保留,故而将利用 stata 软件包,通过 Multivariate Probit Model 来估计,试图找出农村大学生农地处置意愿的影响因素及其作用方向。为了更准确地分析因变量与自变量之间的逻辑关联,我们分别以农地流转、农地保留为参照组,形成四组实证模型,结果见下表。

① 统计时,未把学生计算在内。

表 5–30　Multivariate Probit Model 估计结果

变量名	模型一	模型二	模型三	模型四
	参照组:农地流转		参照组:农地保留	
	退出 vs 流转	保留 vs 流转	退出 vs 保留	流转 vs 保留
X_1	0.293	0.109	0.184	−0.109
	(0.326)	(0.371)	(0.454)	(0.371)
X_2	0.720**	−0.415	1.135**	0.415
	(0.358)	(0.480)	(0.552)	(0.480)
X_3	0.165	−0.563	0.728	0.563
	(0.322)	(0.372)	(0.453)	(0.372)
X_4	−0.093	−0.132	0.039	0.132
	(0.367)	(0.415)	(0.511)	(0.415)
X_5	−1.799***	0.207	−2.006***	−0.207
	(0.335)	(0.413)	(0.490)	(0.413)
X_6	−1.107***	−1.037***	−0.070	1.037***
	(0.336)	(0.379)	(0.467)	(0.379)
X_7	0.507	−1.758***	2.265***	1.758***
	(0.415)	(0.382)	(0.506)	(0.382)
X_8	−1.187	−2.782	1.594	2.782
	(0.589)	(0.644)	(0.744)	(0.644)
X_9	0.389	0.171	0.218	−0.171
	(0.712)	(0.995)	(1.139)	(0.995)
X_{10}	0.134	−0.483**	0.617***	0.483**
	(0.167)	(0.197)	(0.236)	(0.197)

续表

变量名	模型一	模型二	模型三	模型四
	参照组:农地流转		参照组:农地保留	
	退出 vs 流转	保留 vs 流转	退出 vs 保留	流转 vs 保留
X_{11}	−0.741	1.383	−2.124	−1.383
	(0.854)	(1.107)	(1.296)	(1.107)
X_{12}	−0.435	0.570	−1.005**	−0.570
	(0.328)	(0.382)	(0.463)	(0.382)
X_{13}	0.423	−0.857**	1.280***	0.857**
	(0.327)	(0.396)	(0.476)	(0.396)
X_{14}	−6.983***	−0.142	−6.842***	0.142
	(0.840)	(0.589)	(0.979)	(0.589)
X_{15}	−1.183***	1.191***	−2.374***	−1.191***
	(0.361)	(0.375)	(0.480)	(0.375)
X_{16}	−3.844**	−1.102	−2.742*	1.102
	(1.657)	(1.533)	(1.415)	(1.533)
X_{17}	−5.195***	−3.375**	−1.820	3.375**
	(1.665)	(1.598)	(1.473)	(1.598)
X_{18}	−3.610	−2.702	−0.908	2.702
	(1.669)	(1.673)	(1.546)	(1.673)
X_{19}	−6.620***	1.047	−7.666***	−1.047
	(2.021)	(1.553)	(1.848)	(1.553)
N	506	506	506	506

说明：Standard errors in parentheses, * $p < 0.1$, ** $p < 0.05$, *** $p < 0.01$。

依据表 5-30 显示的估计结果，我们可以将农村生源大学生农地处置意愿各类型的影响因素及其作用方向进行简要归纳。

其一，若以农地流转为参照组，学历（X_2）、户籍（X_5）、农地承包政策认知（X_6）、家庭人均耕地（X_{14}）、灌溉条件（X_{15}）、承包地利用现状（X_{16}）、承包地利用现状（X_{17}）、承包地利用现状（X_{19}）对农村大学生农地退出意愿产生显著影响；而农地承包政策认知（X_6）、毕业后职业意向（X_7）、家庭总人口（X_{10}）、家乡地理区位（X_{13}）、灌溉条件（X_{15}）、承包地利用现状（X_{17}）对农村大学生农地保留意愿产生显著影响。具体而言：

① 学历（X_2）与农地退出高度正相关，说明研究生比专科生、本科生更倾向于农地退出而不是农地流转，一般地，研究生实现户口城乡迁移的比例较大，且他们毕业后几乎都会选择留在城里就业，因而在获得合理补偿情况下愿意退出农地承包权，而农地流转需要付出额外的交易成本。

② 户籍（X_5）与农地退出高度负相关，说明户籍仍保留在老家的学生选择农地退出的概率极低，而更倾向于选择农地流转，可能的原因是他们尚未隔断与家乡土地的联系，在未来就业情况尚不确定的情况下不愿意放弃农地承包权。

③ 农地承包政策认知（X_6）与农地退出及农地保留都高度负相关，说明对农村土地承包政策了解程度越高，越倾向于农地流转。可能的解释是，对农地承包政策认知程度较高的学生，对农地流转的性质、作用及方式有较深的了解，因而，获取额外的农地流转收益成为他们实现利益最大化的价值取向。

④ 毕业后职业意向（X_7）与农地保留高度负相关，说明了毕业后留在城市定居与就业的学生倾向于农地流转，而保留土地（承包权和使用权）的意愿极低，一是为了获取农地流转收益，二是规避耕地长期荒废而导致承包权散失的风险。

⑤ 家庭总人口（X_{10}）与农地保留高度负相关，说明家庭人口越多的

学生，选择农地保留的可能也越小。可能的解释是，家庭人口多的学生，家里耕地细碎化也普遍严重，土地升值的空间有限，因而保留农地承包权与使用权的意愿也随之降低。

⑥ 家乡地理区位（X_{13}）与农地保留高度负相关，说明老家属于偏远地区的学生保留农地的概率极低，原因是，偏远地区的大学生毕业后留城定居的意愿较强烈，一般不会再回到家乡，故而不会同时保留农地承包权与使用权。

⑦ 家庭人均耕地（X_{14}）与农地退出高度负相关。人均耕地越大，可利用价值越高，农地流转就越顺畅，学生就会倾向于租赁农地以获取流转收益，放弃农地承包权的意愿极低。

⑧ 灌溉条件（X_{15}）与农地退出高度负相关而与农地保留高度正相关。说明承包地灌溉条件较好，相较于农地流转，农村大学生更倾向于农地保留，同时农地退出的概率极低。可能的解释是，灌溉条件好的耕地，农民作业效率高，生产成本较低，学生亲属留着家乡耕作的比例较大，在此背景下，他们保留农地的概率就极大。

⑨ 承包地利用现状（X_{16}）与农地退出高度负相关，即耕地处于亲属耕种状态的学生有农地退出的意愿极低；承包地利用现状（X_{17}）与农地退出及农地保留均高度负相关，说明耕地处于流转状态的学生有农地退出及农地保留的意愿极低；承包地利用现状（X_{19}）与农地退出高度负相关，即耕地已成为宅基地的学生有农地退出意愿的概率极低。很明显，农地情况对农村大学生农地处置意愿都产生显著的影响，尤其是承包地利用现状，是影响大学生农地处置意愿的重要变量。

其二，若以农地保留为参照组，学历（X_2）、户籍（X_5）、毕业后职业意向（X_7）、家庭总人口（X_{10}）、家乡所在地区（X_{12}）、家乡地理区位（X_{13}）、家庭人均耕地（X_{14}）、灌溉条件（X_{15}）、承包地利用现状（X_{16}）、承包地利用现状（X_{19}）对农村大学生农地退出意愿产生显著影响；而农地承包政策认知（X_6）、毕业后职业意向（X_7）、家庭总人口（X_{10}）、家乡地理区位（X_{13}）、灌溉条件（X_{15}）、承包地利用现状（X_{17}）对农村大学生农地流转意愿产生显著影响。具体而言：

① 学历（X_2）与农地退出高度正相关，说明研究生比专科生、本科生更倾向于选择农地退出而不是农地保留，原因与前面所述相同，研究生毕业后基本上都会在城里定居与就业，如果合理补偿一般倾向于退出农地承包权。

② 户籍（X_5）与农地退出高度负相关。说明户籍在老家的学生更倾向于农地保留而不是农地退出，原因与前面所述相同，在未来不确定情况下放弃农地是一种风险，且由于户口在老家，尚未隔断家乡亲情，故而不会轻易作出农地退出的决策。

③ 毕业后职业意向（X_7）与农地退出及农地流转都高度正相关。显示毕业后留城就业的学生选择农地保留的意愿极低，或者“退出”以获得补偿金，或者实现流转以获得流转租金，这与一般常识完全符合。

④ 家庭总人口（X_{10}）与农地退出及农地流转都高度正相关。说明家庭人口越多，倾向于选择农地保留的概率就越小，原因与前面所述相同，家庭人口多，耕地细碎化严重，在此情况下保留农地承包权与使用权的概率就很小。

⑤ 家乡所在地区（X_{12}）与农地退出高度负相关，显示来自东部地区的农村学生选择农地退出的概率较低，原因是东部地区经济较发达，农村市场化程度较高，因而农地潜在的市场价值较大，理性的学生往往倾向于保留农地而不是退出农地。

⑥ 家乡地理区位（X_{13}）与农地退出及农地流转都显高度正相关。说明家乡在近郊的学生选择农地保留的概率极大。可能的解释是，家乡处在近郊的学生其亲属外出务工的比例不高，兼业化现象较为普遍，因而农地自己耕作的概率较大，且地理位置优越，农地升值空间大，学生不会轻易退出农地承包权。

⑦ 家庭人均耕地（X_{14}）与农地退出高度负相关。人均耕地越大，可利用价值越高，潜在的市场价值也高，学生选择农地退出的意愿降低，而是倾向于选择农地保留。

⑧ 灌溉条件（X_{15}）与农地退出及农地流转都高度负相关。显示承包地灌溉条件好的学生倾向于农地保留，这与前面所分析的原因一致，由于灌溉条件好，耕作效率高，生产成本较低，亲属自己耕种的概率大，因而学生保留农地的概率也就越大。

⑨ 承包地利用现状（X_{17}）与农地流转高度正相关，承包地利用现状（X_{19}）与农地退出高度负相关，说明处于流转状态的倾向于继续流转耕地，以获取稳定的流转收益；而已成为宅基地的退出农地的概率极低，这也与一般常识相符合。

综合上述四组实证模型，我们可以归纳出如下结论：

第一，与农地退出意愿具显著性的相关因素主要有：学历（X_2）、户籍（X_5）、毕业后职业意向（X_7）、家乡所在地区（X_{12}）、家乡地理区位（X_{13}）、家庭人均耕地（X_{14}）、灌溉条件（X_{15}）等。其中，学历高（研究生及以上学历）、已实现户籍城乡迁移、毕业后留城就业的农村大学生选择农地退出的概率极大；家乡处于中西部地区或地理区位较偏僻的学生更倾向于农地退出；人均耕地少、灌溉条件差等因素也会促使大学生作出农地退出的决策。

第二，与农地流转意愿具显著性的相关因素主要有：农地承包政策认知（X_6）、毕业后职业意向（X_7）、家乡地理区位（X_{13}）、承包地利用现状（X_{17}）等。对农地承包政策了解越多的大学生，对农地流转也给予高度关注；毕业后留城就业、家乡地理位置偏远的大学生除了选择农地退出外，农地流转也是他们合乎理性的选择；而承包地原本处于流转状态的，为了获取稳定的流转收益或避免合同变更带来的交易成本，会持续原有的处置方式，即选择农地流转的概率极大。

第三，与农地保留意愿具显著性的相关因素主要有：家庭总人口（X_{10}）、家乡地理区位（X_{13}）、灌溉条件（X_{15}）、承包地利用现状（X_{19}）等。毕业后留城就业、家庭人口多、家乡地理区位较偏僻的大学生保留农地意愿的概率极低，此也意味着，家庭人口少、家乡地理区位较好、承包地灌溉条件好或已成为宅基地的大学生保留农地的概率极大。

六、政策含义

调查结果显示,农村生源大学生农地处置意愿主要分化为农地退出、农地流转与农地保留等三种类型。针对于此,应该采取有差别的政策措施来应对农村大学生非农化过程中农地处置问题,以提高农地资源的配置效率。

(一)农地退出应对策略

实证表明,已实现户籍城乡迁移、毕业后留城就业的农村大学生愿意退出农地的概率极大,因而,鼓励留城就业的农村大学生实现户口城乡迁移,隔断其与农地的依附关系,是促进农地资源优化配置的有效举措。当务之急,需要建立与健全农地退出补偿机制。现行的《土地承包法》规定,农民有自愿放弃承包土地的权利,但是没有规定应该给予退地农民相应的补偿,只是规定承包方对其在承包地上投入而提高土地生产能力的,有权获得适当的补偿。利益补偿机制的缺失,使得“农转非”的吸引力逐渐下降,农村大学生不愿意迁户口现象日益突出,“农民大学生”数量在不断增加。因此,要从法律上保障农民土地权益,建立能真正体现市场价值的退地利益补偿机制,激励包括农村大学生在内的农业转移人口在非农化过程中退出农地承包权。

(二)农地流转应对策略

毕业后留城就业的农村大学生除了选择农地退出外,农地流转也是他们的理性选择,但前文实证表明,家乡地理位置偏远、灌溉条件差对该类型的农地处置意愿也具有显著性影响。而从实践来看,对于区位偏远、细碎化严重或灌溉条件较差的耕地,由于其种粮边际效益低下会抑制农地流转的内在驱动力。因此,加强偏远农村地区的基础设施建设,改善农地流转的市场环境,是促进农村大学生承包地有效流转的重要环节。

(三)农地保留应对策略

对于农村大学生非农化过程中要保留农地承包权与使用权的,政府和农村基层组织应采取“有所为有所不为”的应对策略。[1] 在承包期内,不能采取强制的措施剥夺农村大学生农地承包权或使用权,要充分尊重他们的农地处置意愿,依法保障他们的土地权益,但是,也必须依法监管农村大学生农地使用状况,避免出现农地非农化现象,坚决制止违法占用耕地建房、闲置荒废等行为。

---

① 刘灵辉:《农村大学生非农化过程中承包经营权存在的问题及应对策略——基于319名农村大学生的调查》,《电子科技大学学报》(社科版)2014年第2期。

第六章　农民市民化进程中农地管理参与主体的行为分析

本章我们通过对土地利益相关者的行为研究，揭示当前政府、农民在制度变迁中所扮演的角色与影响关联，他们之间的行为博弈；基于新制度经济学视角，分析农民市民化进程中各级政府的农地管理决策行为及角色定位；探讨农民参与决策对增加政府决策理性、降低制度变迁成本的现实意义，以及农民参与土地管理决策的可能途径。

第一节　农村土地管理参与主体的确定

参与主体的确定是农村土地管理过程中首要问题。本书认为，农村土地管理的参与主体应按照农地产权属性及其分解的程度来确定。从实践来看，农地管理主体主要包括各级政府相关管理部门、农村集体经济组织、农户个体、农业企业等。

一、各级政府的土地行政主管部门

作为农村土地的终极所有者，国家凭借着终极所有权，掌握着农村土地的最终处分权。土地管理是国家政权的基本职能之一，立法机构将意志表示规范化并用法律的形式固定下来，界定各级政府土地行政主管部门相应的管理职能，对农村土地的开发与利用进行合法监控与管理。各级政府

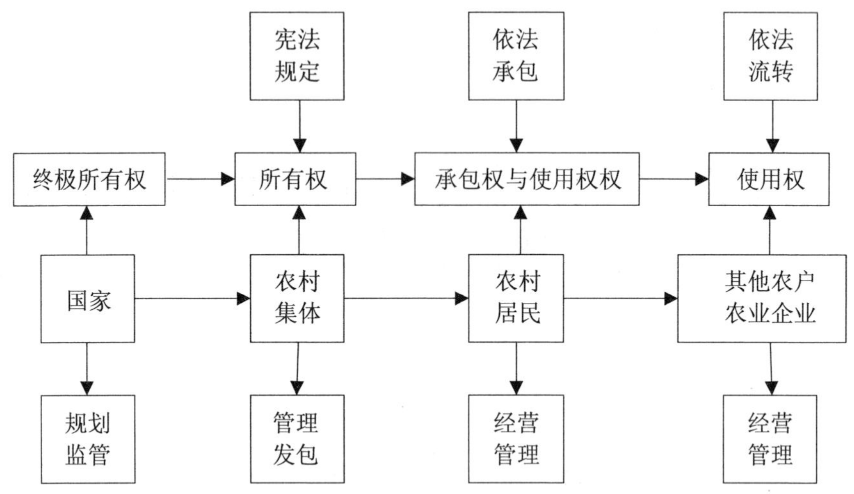

图 6-1　农村土地管理参与主体之间的逻辑关系

相关主管部门代表国家综合运用行政、经济、法律、技术等手段，为维护农村土地所有制，调整土地关系，合理组织土地利用，而进行的计划、组织、指挥、协调、控制等综合性活动。

二、农村集体经济组织

中国农村集体经济组织产生于20世纪50年代初的农业合作化运动。它是为实行社会主义农业改造，在一个生产队范围内，由农民自愿联合，将其各自所有的生产资料，土地、较大型农具、耕地（不包括农村宅基地，也即是农村集体建设用地），投入集体所有，由集体组织农业生产经营，农民进行集体劳动，各尽所能，按劳分配的农业社会主义经济组织。由于过高地估计了农民走合作化道路的积极性，“一大二公”、“政社合一”的农业合作化并没有使中国农业走上现代化的道路，反而一度陷入农业全面落后、农民集体贫困的境地。

十一届三中全会之后，随着农村家庭承包责任制逐步建立，人民公社时代的以集体统一经营为特征的各级经济组织名存实亡。现行的《中华人民共和国土地管理法》（以下简称《土地管理法》）第八条规定：“农村和城市郊区的土地，除由法律规定属于国家所有的以外，属于农民集体所有；宅基地和自留地、自留山，属于农民集体所有”。而依据《农业法》，农村集体经济组织的主要职能是做好集体资产的管理工作，使集体资产得到合理利用和有效保护，并确保集体资产的保值增值。农村集体经济组织的集体资产包括：法律规定为集体所有的土地和森林、山岭、草原、荒地、滩涂等；集体经济组织的财产；集体所有的建筑物、水库、农田水利设施和教育、科学、文化、卫生、体育等设施；集体所有的其他财产。

显然，《土地管理法》和《农业法》对农村土地归“集体所有”且由农村集体经济组织管理和保护的规定是明确的，但是国家法律文件对“农村集体经济组织”这个概念一直没有明确、具体、统一的定义和范围界定，致使理论上和实践中人们对“农村集体经济组织”这个概念的理解一直都处于模糊状态。如在《土地管理法》、《土地承包法》、《物权法》、《村民委员会组织法》等法律法规中仅仅提出了“农村集体经济组织”这个名词，而对其微观构成，即集体经济组织成员资格确定的标准却不够明确，此不仅模糊了农民集体组织在农村土地管理中的地位、性质与作用，也容易引发涉及土地的各类矛盾与纠纷，从而阻滞了农村土地产权制度的深化改革。

农村集体经济组织主体地位的虚化，导致了村民委员会在农地管理中起着实际主体地位的作用。尽管《中华人民共和国村民委员会组织法》（以下简称《村委会组织法》）也予以肯定：“村民委员会应当尊重集体经济组织依法独立进行经济活动的自主权，维护以家庭承包经营为基础、统分结合的双层经营机制，保障集体经济组织和村民、承包经营户、联户或者合伙的合法的财产权和其他合法的权利和利益。”但是，村委会在集体土地等资产的管理方面取代村集体经济组织已成为十分普遍的现象。①

① 徐增阳、杨翠萍：《村委会和村集体经济组织的关系》，中国农经信息网2010年10月18日。

三、农户个体

作为生产经营主体,农户自然也是农地管理参与主体之一。我国法律法规已明确规定了农民在农地管理中的权利与义务。如《土地承包法》第九条规定:国家保护集体土地所有者的合法权益,保护承包方的土地承包经营权,任何组织和个人不得侵犯。第十条规定:国家保护承包方依法、自愿、有偿地进行土地承包经营权流转。第三十四条规定:土地承包经营权流转的主体是承包方。承包方有权依法自主决定土地承包经营权是否流转和流转的方式。可见,农民依法享有农地承包、流转等权利。但同时,法律也规定了承包经营土地的农民有保护和按照承包合同约定的用途合理利用土地的义务。《土地管理法》明确提出:因迁移等原因而停止使用土地的,集体组织可以收回土地使用权;《土地承包法》、《基本农田保护条例》等法律条文中也都明确规定了土地使用者保护基本农田的义务。然而由于种种原因,这些法律法规在实践中并没有真正地得到执行。

在市场经济条件下,农民都是追求"利益最大化"的生产决策主体,在内在与外在因素综合作用下作出资源最佳配置的选择。而农民利益追求多元化,对土地处置意愿有不同的决策逻辑。在此背景下,如何平衡农民作为农地管理参与主体的权利与义务,是新一轮农地管理制度优化的重要环节。

第二节 农村土地管理中政府与农民的博弈行为

一、农地管理过程中利益相关者行为分析

农地管理过程中微观利益主体行为可以用利益相关者理论与博弈理论加以分析。利益相关者理论(Stakeholder Theory)最早由弗里曼(Freeman)提出,在其《战略管理:利益相关者管理的分析方法》(1984)

一书中，把利益相关者定义为："那些能够影响一个组织的目标实现的人，或者自身受到一个组织目标的实现所影响的人。"弗里曼认为，利益相关者由于所拥有的资源不同，对企业产生不同影响。他从三个方面对利益相关者进行了细分：①持有公司股票的一类人，如董事会成员、经理人员等，称为所有权利益相关者；②与公司有经济往来的相关群体，如员工、债权人、内部服务机构、雇员、消费者、供应商、竞争者、地方社区、管理结构等称为经济依赖性利益相关者；③与公司在社会利益上有关系的利益相关者，如政府机关、媒体以及特殊群体，称为社会利益相关者。[①] 在此后的30年间，Frederick（1988）、Wheeler（1998）等众多学者从不同的视角对利益相关者理论进行丰富与补充。

西方利益相关者理论多是以企业管理为研究对象，分析企业管理中存在的问题。国内很多学者对利益相关者可行性进行了分析和探讨，从理论上证明利益相关者理论的实践意义。与此同时，有些学者也把利益相关者理论运用到其他领域。如徐宗明（2011）、韩璐，费明明（2013）、郑华伟，张锐，刘友兆（2014）、董欢（2014）等把利益相关者理论应用到分析我国土地资源利用配置问题上，取得一些极有价值的理论成果。

在本节，我们将运用利益相关者理论来分析农地管理过程中微观利益主体行为。根据利益相关者理论，农地利用的利益相关者是与农地资源的开发与利用有联系的个人或组织，包含中央政府、地方政府、农村集体、农户、企业等在内的不同的利益群体。农地利用利益相关者在农地开放利用过程中的决策行为直接或间接地影响了农地资源的配置效率。

不同利益相关者对土地资源配置利用有不同的利益主张。在界定利益相关者利益需求之后，在利益分配问题上，他们必然会进行博弈。研究不同利益相关者在土地资源配置利用过程中的利益需求，有助于我们更好的管理我们稀缺的土地资源，使各方利益相关者的利益达到高度平衡。

---

① R. Edward Freeman, *Strategie Management*:*AstakeholderAvproaeh*, Boston:Pitman/Ballinger, 1984, pp.97-100.

（一）中央政府

中央政府是法律法规制定者，也是农村土地管理制度建立与改革的推动者。中央政府对农村土地管理的总体目标是确保耕地资源的有效配置，保障国家粮食安全，并促进农业现代化发展。中央政府与地方政府在土地利用上的博弈主要体现在土地利用规划上：中央政府追求的目标是要促进农业经济发展、农村社会进步以及生态环境优化，即农地规划利用要确保经济效益、社会效益及生态效益的同步提高；而地方政府追求的首要目标是解决经济增长与就业问题，因而在政绩考核及土地财政需求的双重驱动下，积极谋求土地出让来增加收入以服务于地方经济建设。由于信息不对称及政府行为失范，农民土地权益流失已成为农村社会矛盾与冲突的一大诱因。显然，这与中央政府的土地利用目标相悖。

中央政府土地利益和地方政府土地利益之间的冲突，一方面，导致中央政策的权威性下降，影响到我国对土地利用和保护的总体规划；在另一方面，地方政府的土地掠夺必然引起农民的抗争，导致农民对政府权威的不信任。基于土地违法事件频发的现实，中央政府推动建立土地垂直管理制度，并于 2006 年，正式出台国家土地督察制度，加强了对地方政府用地行为的监管。从实践来看，有效遏制了土地违法案件高发的势头，但同时也由于建设用地减少及土地出让收益下降而影响了地方经济发展。为此，中央政府相继出台了一系列针对性的政策进行补偿。如以“城乡建设用地增减挂钩周转指标”的名义借给一些省市区建设用地指标，对各地城市用地放宽审批尺度等。[①]

尽管中央政府已加大对土地违法查处力度，压缩了地方政府土地失范行为的收益空间，但地方政府总会在利益博弈中作出自身利益最大化的决策，在土地财政背景下，一些地方政府对土地利益“强取豪夺”的冲动不可能得到完全抑制。

---

① 李名峰、曹阳、王春超：《中央政府与地方政府在土地垂直管理制度改革中的利益博弈分析》，《中国土地科学》2010 年第 6 期。

（二）地方政府

地方政府是土地利用规划的制定者、监督者、执行者，在农村土地管理中其主要职责是严格按照中央政策要求和现行法律法规，落实耕地保护和节约集约用地制度，坚持“集体所有权不能变、耕地红线不能动、农业利益不能损”的原则，切实保护耕地和保障农民土地权益，为农业现代化创造条件。理论上而言，农村土地的所有权属于农民集体，地方政府既不是土地所有者，又不是土地使用者，除按法律法规收取相关税费外，地方政府没有理由参与各种土地收益分配。然而，在实践中，“官与民争利”现象已是一种常态。

囿于农地产权主体模糊，地方政府往往凌驾于农地所有者——农民集体之上，采取行政手段强制征用或征收农村集体土地以实现“土地财政”的目的，这是对农民土地权益的公然掠夺，也是导致农村社会维稳成本高企的主要原因。

我们认为，新一轮农地制度改革必须严格限制地方政府利益的合理边界。政府的利益需求不应该是谋求经济上的收益，而是谋求农村社会的和谐稳定，维护社会的公平正义。因此，地方政府在农地资源利用配置过程中应该扮演公共服务提供者，以及农民群体利益和市场经济秩序的守卫者，是属于一种公共组织或者非盈利组织的行为。

（三）农村集体

农村土地归“集体所有”且由农村集体经济组织管理和保护，这是我国宪法与法律明确规定的，因而，基于农村土地所有者身份，农村集体经济组织无疑就是农地配置中利益分配的主导者与受益者。《土地管理法实施条例》第二十六条也明确规定：土地的补偿费归农村集体经济组织所有。但是，由于“集体经济组织”是一个模糊概念，且大部分村庄并不存在所谓“集体经济组织”，于是，村民委员会便成为享受土地补偿费实际上的合法组织。

农村集体经济组织主体地位的虚化，导致了村民委员会在农地管理中起着土地集体产权的管理者和行使者，《村委会组织法》第十三条规定：村民委员会依照法律规定，管理本村属于村农民集体所有的土地和其他财产，教育村民合理利用自然资源，保护和改善生态环境。因此，作为农村资产的实际掌控者,村委会在农村集体土地管理中的法律地位得到确认,并在土地利益分配中扮演着关键的角色。如图 6-2 所示,在农村集体土地征收或征用问题上,一方面,作为基层自治组织,村委会代表了村民集体的利益,在与地方政府土地补偿的利益博弈中,必须尽可能地为村民争取更大的福利;而在另一方面,作为全村的公益事业建设的推动者,必然会有收益提成的现实需求,从而在补偿分配上与本村村民展开了利益博弈。

尽管村委会由村民选举产生,代表了大多数农村集体成员的意志,但是,在市场经济条件下,村委会干部也是理性的经济人,也有自己的行动逻辑与利益诉求,现实中村干部以权谋私、侵吞集体财产的情况并不少见。尤其是在现有的政治体制下,村民自治是在党的领导下开展的自治活动,在上级政府与村党支部领导下,村民委员会很大程度上仍然是地方政府权力的延伸,成为地方政府土地征收的具体执行者和协助者。[①] 在此条件下,农民集体内部利益博弈引发的冲突与矛盾时有发生,并加剧的趋势。当然,村干部毕竟是村民民主选择出来的,多数村干部还是会代表村民集体的利益,在征地谈判中愿意尽力为本村农民谋求最大的利益。

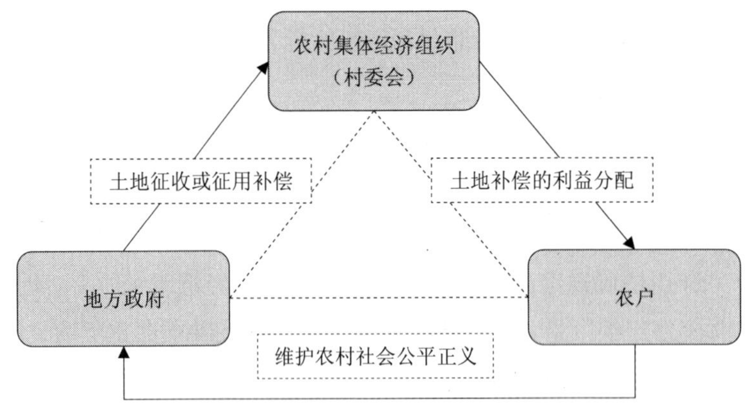

图 6-2 农地征收中利益主体关系图

① 郭亮:《土地征收中的利益主体及其权利配置——对当前征地冲突的法社会学探析》,《华中科技大学学报》(社会科学版)2012 年第 5 期。

（四）农民

农民是农业生产决策主体，也是农地管理参与主体之一。《土地承包法》明确规定：农民依法享有承包地使用、收益和土地承包经营流转的权利，有权自主组织生产经营处置产品；承包地被依法征用、占用的，有权依法获得相应的补偿。农民拥有农地的承包权与使用权，从理论上来讲，农民才是土地利用的最终受益者，然而，受到利益侵害最多的恰恰也是农民。由于市场地位弱势和信息不对称，农民在土地利用的利益博弈中往往处于不利的地位。

农民利益受损主要来自三个方面：其一，地方政府通过村委会，以种种的名义征收或征用农地，使得农民在农地非农化过程中由于补偿过低而造成权益的流失；其二，村委会是村庄公益事业建设的推动者，有征地补偿和农地流转收益截留的政治逻辑，使得农民在利益分配上有权益流失的可能；其三，在信息不对称的市场博弈环境下，由于农民无法作出农地增值的合理预期，在农地流转过程中难以对农地转入方提出分享土地增值收益的合理要求，导致了农地流转收益的净损失。显然，农民在农地利用中面临地方政府、村委会、农地转入方的三重利益博弈（见图 6-3 所示）。

维护农村社会稳定，保障农民土地权益，是中央政府土地规划利用的目标之一。“现有土地承包关系要保持稳定并长久不变”，这是中央文件给予农民庄严的承诺；“土地承包经营权、宅基地使用权、集体收益分配权等，是法律赋予农民的合法财产权利，……任何人都无权剥夺。”[①] 这是国家领导人对农民土地权益保障的坚定的政治保证。由于有中央层次的政策支持与法制保障，农民在土地权益维护方面就会更加理直气壮，更加激起他们在利益博弈中维护自身权益的决心。在这种背景下，土地利益博弈的结果往往会产生两种情形：要么地方政府抑制自己土地掠夺的冲动，尽可能地满足农民的利益诉求；要么农民在权益受到侵害时，以上访为手段，通过诉求上级政府的权威来对抗基层政府，甚至直接向中央政府寻求政治保

---

① 温家宝：《中国农业和农村的发展道路》，《求是》2012 年第 2 期。

护。这种博弈行为必然会导致中央政府、地方政府与农民的“三输”局面：地方政府的行为失范弱化了农民对地方政府的认同感，降低了政治信任程度；中央政府与地方政府的土地规划利益博弈加剧了中央与地方的利益冲突，导致政令不畅及“上有政策、下有对策”局面的出现；农民在上访、抗争的过程中耗费了财力与精力，造成了他们净福利的损失。

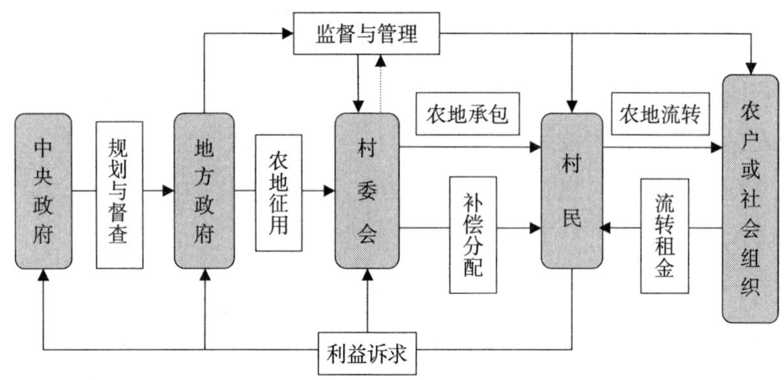

图 6-3　农地规划利用中各利益主体关系图

二、农地利益博弈行为的个案分析

上面，我们从理论上分析了土地利益相关者行为，揭示当前政府、农村集体（村委会）、农民在农地管理中所扮演的角色与影响关联，他们之间的行为博弈。接下来，我们将采取个案研究方法，通过实地调查了解现实中农地管理面临的问题。我们对进城务工人员、留守农民与村委会干部各选择一个典型的样本来调查研究。

（一）进城务工人员：福州市区农民工艾某某

艾某某的老家位于福州市永泰县白云乡 X 村，2008 年高中毕业后来到福州市区打工，未婚，目前的职业是永辉超市管理人员，月工资约 4800 元。单位没有提供住房，现与同事在超市附近共同租住一套房子。

白云乡位于永泰县北部，与闽清、闽侯县接壤，距县城 27 千米，距 316 国道 29 公里。面积 111 平方千米，人口 1.40 万人。辖 13 个行政村。耕地面积 16579 亩，山地面积 159632 亩，木材总蓄积量 125200 立方米。该乡主要产业有速生丰产用材林、毛（篓）竹、茶叶、水果、蔬菜、畜禽和水产养殖等。其中蔬菜年产量达13000多吨，是福州市蔬菜生产重要基地之一，白云槟榔芋是“福州市名优品牌蔬菜”之一，所产槟榔芋、茭白和夏阳白、青瓜、苦瓜等反季节蔬菜均为低残留无公害绿色食品，远销厦、漳、泉、广东和福州等地。

2014年8月20日，课题组在福州市区福飞南路针对农民工进行问卷调查时，围绕着家乡农地处置问题对艾某某作个人单独访谈。现将访谈的主要内容归纳如下：

1. 家乡农地资源处理情况

家庭人均拥有耕地1.3亩，自己的承包地由父母耕种。他认为农村土地是乡村生活的身份标志，也是家庭基本生活的基本保障。不过，由于家乡比较偏僻，农地价值增值的空间有限。当被问到“如果您的家庭已全部搬迁到城里，在城里定居生活，您希望如何处置承包地”时，他选择了“如果补偿合理，退还给集体”，而将来“如果不再从事农业”，他也愿意有条件放弃承包地，放弃承包地的前提条件是“获得合适的补偿金”。艾某某对农地处置的态度有自己的决策逻辑：“我从来没有参与农田耕种，不会农活，现在已经适应城市的生活方式，虽然目前的生活条件不好，但是今后也不会回乡务农的”，“家乡地理位置比较偏远，农地不好流转，与其荒废，还不如退给集体以获得补偿金”。

2. 当地政府农地管理情况

艾某某平时偶尔会通过各种媒体关注农村土地制度改革议题，对家乡农村土地管理中存在的问题也有一定的了解。他感觉到家乡农田有不断减少的趋势，主要原因是当地村民占地建房现象较为普遍。村里大部分青壮年都进城务工了，虽然他们平时很少回乡居住，但是都会将打工收入汇回老家建房，从而占用了大量农田。当地基层政府对占地建房也进行监管和处理，但由于种种原因，此问题没有得到有效解决。艾某某认为，耕地减少还有另外一个原因，就是有些村民长期在外务工，导致农田长期处于荒废状态，杂草丛生，土壤肥料逐步丧失，造成可利用耕地面积不断减少。

艾某某对政府农地管理行为的看法比较有代表性，与大多数进城务工农民的观点基本一致，即认为农民工回乡占地建房实属于无奈之举：一则，随着后代不断繁衍，老宅已经容纳不下众多人口，且家乡的老宅年代久远，不愿意将祖传的老宅拆掉扩建，只能占地建新房；再则，我们要结婚需要房子成家立业，而城里房价太高买不起，所以只好回老家建新房，当然，大部分时间还是在城里租住，城里买房“付不起”老家建房“住不上”的现象突出。基于上述理由，艾某某认为，政府应该给予农民充分的理解，而不是一味地取缔和打压。如果能帮忙农民工或留守农民住房问题，“猫捉老鼠”式的农地管理现象或许会逐渐减少。

（二）留守农民：福建仙游县农民林某某

林某某是福建省仙游县大济镇X村村民，65岁，从事农业生产，但是大多数时间在村庄附近打工，职业兼业化程度高。家庭总人口6人，除了他妻子，还育有一儿一女。女儿已经结婚，与丈夫及两个子女一起生活在林某某家里。[①]

大济镇位于福建省莆田市仙游县西部，面积89平方公里，人口9万人，耕地3.5万亩，山地7万多亩。木兰溪主干流贯穿大济镇，木兰溪主要支流大济溪和溪口溪呈狭长形又左右横穿木兰溪南北两岸汇入主流，形成了纵横交错的自然河川地貌，水旱灾害历来就很频繁。大济镇建立了皮蛋加工、建筑建材、交通运输、食用菌、工艺等五大支柱行业。大济镇下辖23个村委会。全镇面积86.6平方公里，耕地面积32978亩，山地面积70360亩。气候与地理条件良好，适宜种植水稻、甘薯、甘蔗等农作物及龙眼等果树；平缓肥沃的丘陵山地适宜栽植杉木、马尾松、油茶、油桐、棕树、茶叶等。

2015年2月26日，课题组在仙游县大济镇X村调研时遇到林某某，我们就围绕着该村农地管理问题对他进行个人访谈。现将访谈的主要内容归纳如下：

---

① 张某某的女儿与丈夫系入赘婚姻，按照当地的习俗，上门女婿必须居住在女方家里，孩子姓氏必须随母亲姓。

1. 家里承包地处置状况

林某某家里共有 2 亩承包地,目前由他和妻子来耕种。儿子在城关一家电子厂上班,不会务农;女儿与丈夫做小本生意,很少下地干农活。由于地势较平坦,且灌溉条件好,当地农田基本上没有抛荒现象。“这里农田很容易出租,但是我们没有正式工作,且长期务农,所以没有租赁给别人的打算。自己种地,一直种到人老不能动为止……”农地质量好,生产成本低,习惯务农,这些都是老林坚持承包并自己耕种农田的基本逻辑。

2. 当地政府农地管理情况

随着村里年轻人大量进城，X 村农业生产也面临着“将来谁来种地”的尴尬境地。老林平时并不关注农地改革议题，“土地是国家的,但是国家应该不会随意剥夺我们这些农民的种地权力吧”。尽管老林对农地产权认知并不完全正确,但他也坚信中央政府会保障他们的土地权益。只有小学文化水平的他,居然还可以说出“农地承包关系长久不变”的话语。其实,大多数农民与老林的想法基本相类似,不太在意农地产权制度改革内容与过程,但坚信国家会保障他们拥有承包地的权力。不过,当我们谈及到当地政府及村委会农地管理等相关话题时,老林神情显得有点犹豫。“我们很怕被征地!”原因是补偿太低了。“前段时间修高速公路征地,一亩才补偿 2000 元。而我们把地卖给私人建房子,一亩可以卖 10 几万!”显然,私下买卖承包地用以建房是违法行为,可农民没有这个意识,或者说是一种对土地权益被侵犯的无奈回应。

“为什么国家不派一些高素质的人才来当村干部?”老林这番话颇具意味,可以看出,村民们对村委会的工作不是很信任。“前不久,我们村的前任村长与村支书都被判刑了。”看来,村民不看好村委会是有理由的。老林认为,在农地征收与规划过程中,村民缺乏知情权、监督权,“土地处置的过程不够透明,我们也说不上话”。正是因为对基层政府及村委会的不信任,老林和其他村民一样,担心土地被征用;他们也不愿意在地方政府牵头下参与农地流转,担心农地流转租金被截留。当我们问到,如果子女不愿意务农,今后如何处理这些农田时,老林说,无论如何也不会退出承包地，土地是农民的根本，即使自己不再种地，也要留给子孙后代。他还认为，这里离县城很近，地理位置好，今后土地升值空间很大。“等我们老了干不动了，后代如果也不想种地，要么把地卖给人家，要么租给人家种。”这是老林将来处置农地的想法，也与大多数留守农民的态度基本相一致。

（三）村委会干部：福建漳平芦芝镇村干部陈某某

陈某某是福建省漳平市芦芝镇D村村委会村干部。芦芝镇地处戴云山南麓与博平岭北麓交接处，漳平市区东南部，九龙江北溪先横后纵穿越其境。东连安溪县，南接华安县，西与菁城、桂林街道相毗邻，北与和平、溪南接壤。全乡总面积145平方公里，2007年，共有耕地面积5638亩，山地面积141470亩。现有八个村（居）委会，面积133平方公里，人口1.31万人，其中农村人口0.95万人。鹰厦电气化铁路穿越境内，漳泉肖铁路横贯东西，辖区有5个火车站，漳平至华安二级公路贯穿全境。

2015年8月2日，笔者利用去龙岩漳平探亲的机会，顺便赴芦芝镇D村进行实地考察。D村与泉州市安溪县福田村相邻，并与漳州华安接壤，属于漳平市芦芝镇管辖。总人口2000余人，10个村民小组。在D村的后山坡，笔者看到农田抛荒比较严重。几年以前，这里还是种满花生与水稻，可如今已是杂草丛生，一片荒芜。

随后，我专门造访了该村村委会，遇到村干部陈某某，就农地管理问题做个个人访谈。陈某某指出，随着外出人口不断增加，继续留在本村进行农业生产的人数不断减少，十年之前，村庄的全部农田还能得到正常耕种，但如今，由于村里的青壮年劳动力大都从事非农产业了，造成农田出现了撂荒或“粗放经营”等不同情况，尤其是地处偏僻，离村庄较远，耕种十分不便或是地力比较贫瘠、自然条件较差的耕地，基本上长期处于荒废状态。村委会也试图对农地撂荒问题进行干预，“我们也想管管，但有什么办法呢？”陈某某认为，现在农民不用交农业税了，生活也宽裕了，除了邻里纠纷，一般都不找村委会，因而村委会已失去了调动村民种粮积极性的利益与激励工具。再则，现在国家都明文规定：“不能以欠缴税费和土地撂荒为由收回农户的承包地”，农民都认为，无论如何国家都会把土地给他们，种不种都是自己的事情了，在此背景下，村委会在农地保护问题上难有作为，而且也不愿意得罪邻里乡亲。

在集体建设用地方面，陈某某坦承村里占有耕地建房现象较为普遍的事实。他说，2013年以前，基本上处于放任状态，“村里对农民占地建房是睁一只眼闭一只眼的”，但在2013年以后，乡镇政府开始要求严格管理，村委会只好配合镇政府严格控制村民的建设用地审批。

在农地流转与征地方面，陈某某告知，由于村庄地处偏远地区，交通不便，且农田细碎化严重，所以农地流转不畅。除了公路建设，政府也很少对本村有征地的需求。

三、利益相关者博弈行为的启示

农村土地制度的根本是明确与保障农民的权益，促进农地资源的优化配置。土地利用相关者的利益博弈行为导致了社会福利的净损失，加剧了“官民”利益对立，此不仅影响乡村治理现代化转型进程，也影响了新一轮农地制度改革良好氛围的生成。通过利益相关者行为分析，我们可以得出如下的启示：

（一）农民与村委会利益博弈的困局制约了乡村治理现代化进程

农民是微观生产决策主体，也是农村土地管理参与主体之一，经过三十多年的市场经济洗礼，已然从自给自足的小农生产者向追求自身利益最大化的理性经济人演进，随着维权意识的不断高涨，他们必然有积极参与土地利益博弈的行为逻辑和内在驱动力。

从委托代理理论的视角来看，村委会作为农民利益的代理人，农民有监督的权力，然而，由于信息不透明导致了农民监督的边际成本高昂，这是农民对村委会工作不信任的主要诱因。在我们调研过程中，村委会干部认为，村民素质不高，没有守法习惯，不好管束；而村民则认为村委会干部工作能力差，不能起带头致富作用，且贪腐盛行，不堪信任。村委会与村民互不信任，影响了农村土地利用规划，扰乱了乡村治理秩序。“为什么国家不派一些高素质的人才来当村干部？”农民的这番话语折射出乡村治理现代化转型的困境。正如前文所述,尽管村委会由村民选举产生,代表了大多数农村集体成员的意志,但在现有的政治体制下,村民委员会很大程度上仍然是地方政府权力的延伸,“村民自治”流于形式,农民“民主选举、民主决策、民主管理、民主监督”成为空中楼阁。

因此,落实“村民自治”,实现乡村治理现代化,必须通过制度建设,尤其是农村土地管理制度的更新,破解农民与村委会之间土地利益博弈的困局。

(二)纠正地方政府土地失范行为可以有效降低农村社会维稳成本

地方政府是本地区土地利用规划的制定者、监督者、执行者,同时,也是社会秩序和公平正义的维护者,因而有切实保护耕地和保障农民土地权益的职责。但是,地方政府也担负着公共产品和公益事业供给的重任,必然有土地利益索取的政治逻辑。在土地财政的驱动下,地方政府的征地冲动将难以得到遏制,地方政府总会在利益博弈中作出自身利益最大化的决策。

在法制与监督机制尚不健全的背景下,必然会有权力寻租等腐败现象产生,任何对农民土地权益的侵害,都会引致农民对地方政府及其村委会的不信任,引发农村社会各种矛盾与冲突,从而弱化了基层政权对农村土地合法监控能力。

基于以上认识,我们认为纠正地方政府土地失范行为可以有效降低农村社会的维稳成本。在此,必须打破地方政府农地管理决策权力的垄断,尤其在土地利益分配上,农民都应该拥有知情权、参与权与决策权。通过制度优化,吸纳农民参与到土地管理决策中来,确保农民的参与决策权。

(三)推进农业法制建设是优化农村土地管理制度的重要前提

新中国成立以来,我国农业法制建设取得了显著成绩。以《农业法》为核心的农业法律体系基本框架基本形成;农业执法力度不断加大,农业执法体系逐步建立。然而,一个不争的事实是,当前我国农业法制建设与现代农业发展需要不相适应。突出表现在农村土地权益保障方面,由于法治氛围薄弱,导致了基层政府农地管理能力弱化现象。我们在农村调研时,经常听到村委会干部的一番感叹:“现在农地很难管理,执法力量不足,执法手段偏软,村民难以管束!”在本书第四章第五节“农民市民化背景下农村土地管理制度改革的困境”中,笔者提到,中央政策精神和现行法律法规之间存在内在冲突。中央出台的政策文件目的是防止基层政权对农民权益的掠夺,但也使得基层政府失去了乡村治理的法制保障和政策支持,削弱了对农地合法监控能力。

我们认为,中央政府应该转变乡村治理理念,切实推进农业法制建设,用法制而不是政策文件来解决农民土地权益保障问题。通过农业法制建设,树立法治农村理念,开展农村普法教育,使都农村土地参与管理政府、农村集体、农民都必须在法制框架下展开农地资源的规划和利用。这样就可以有效避免地方政府和村委会干部利用职权强迫农民征地或土地流转的失范行为,也会促使农民采取措施保护好农田,减少农地荒废和占用耕地建房的现象。

综合前面利益相关者行为的理论分析,使我们对农村土地制度变迁的复杂性与艰巨性有了更深的认识。如何化解由于利益相关者博弈行为而导致的福利损失,应是农村土地管理制度优化的重要内容。

第三节　政府农地管理行为的局限及纠正

地方政府是农地利用的利益相关者,也是农地管理的参与主体。政府农地利用行为失范是农民土地权益流失的主要原因,也是农地土地管理中的各种利益矛盾冲突产生的深层次原因。在此,新制度经济学有关理论值得我们借鉴与思考。道格拉斯·C. 诺斯(Douglass C. North)对政府与市场关系作了精辟的分析。他认为,在经济活动当中,国家提供的基本服务是制定游戏规则,特别是界定产权制度的基本规则。没有国家权力及其代理人的介入,财产权利就无法得到有效保护和实施。因此,国家积极发挥作用是保障有效产权安排和经济发展的必要条件,没有国家就没有产权。另一方面,国家权力的介入又容易侵害个人的财产权利,危及有效产权安排。国家常常会建立和维持无效的产权制度,从而导致所有权残缺,造成无效产权,妨碍经济发展。用诺斯本人的话说就是,“没有国家办不成事,有了国家又有很多麻烦”。这就是所谓的国家两难或者“诺斯悖论”。①

当前,中国农村土地管理中政府角色的定位正处于“国家两难”的窘境。农村公平正义的维护离不开政府的积极干预,但是,政府权力的介入又会导致农民土地权益受到侵害。正如前面所述,从理论上来讲,地方政府既不是农村土地所有者,又不是土地使用者,除按法律法规收取相关税费外,地方政府没有理由参与各种土地收益分配。然而,在实践中,地方政府对农民土地利益侵害现象并不少见。农地管理中的“国家两难”反映了各级政府农地管理行为的局限性,也折射出我国农村土地产权制度的固有缺陷:农地所有权主体的虚化为地方政府侵权行为提供了条件和空间;而地方政府的行为失范又加剧了违法用地的发生,从而导致了农村土地资源的低效率配置。

如何走出这个“国家两难”问题,诺斯给出的答案是:首先,要明确政府的基本职能,为产权的运行提供公正、安全的制度环境;其次,通过深化改革和制度建设,利用宪法与法律阻止利益集团对产权的侵蚀,保证产权规则的长期稳定性。诺斯的答案为我们纠正政府农地管理行为提供了很好的启示:

一、要合理界定政府角色

依据公共选择理论中政治市场的“经济人”假设,若要政治决策能符合公共利益最大化要求,就必须建立起一套能约束和监督决策者的有效机制,否则,决策就可能偏离公共利益的轨道。就当前的农村土地制度改革而言,地方政府要约束自己利益追求的冲动,充分尊重农民的土地权益和各项利益,合理界定政府农地管理角色,避免既当“裁判员”又当“运动

---

① 王跃生、马相东:《从“诺斯悖论”看政府与市场关系》,《人民日报》2013年6月4日。

员”,在农村土地管理中严格按照中央政策要求和现行法律法规,落实耕地保护和节约集约用地制度;在农地征收和流转过程中,要承担起监督责任和维护公平正义的职责,切实保障农民的土地权益,保证农地资源的合法使用与高效配置。只有政府退出土地增值收益分配过程,才能使“土地财政”逐渐淡出,减少土地违法行为。

二、要明确农村土地制度改革的目标

随着市场化改革的深化,农村土地制度存在的产权主体模糊、权属关系不清的弊端暴露无遗。农地产权模糊化是伴随着对农民行为能力的约束进而通过歧视性的法律约束逐步推进的。我们认为,农村土地制度改革的根本目标是明确与保障农民的权益。为此,必须把强化产权功能作为农村土地制度再创新的逻辑起点,通过明晰农地产权,加强农地产权权能建设,以法律法规的形式赋予农民长期且完整的土地使用权、支配权、收益权和处置权。只有赋予农民完整且功能明确的产权,才可以保证农民主体地位得到尊重,才能促进土地资源要素的有序流动和优化配置。尤其在农民市民化背景下,农地作为一种资本要素的市场流动有助于解放土地对农民的束缚,进而推进农业转移人口融入城市社会。因此,本书认为,新一轮的农地管理制度改革要让政府与农民实现“双赢”:政府通过管理职能的转变,达到耕地保护和节约集约用地的目的;农民通过农地的市场合法交易,获得土地增值收益,保证自身的合法权益和市场主体地位得到充分尊重。

第七章　农民市民化背景下农地制度变迁的国际经验

本章，我们将以比较视野，借鉴世界其他国家在农民市民化背景下农地制度变迁的历史经验。通过文献资料查阅，了解发达国家和新兴工业化国家在城镇化进程中农村人口迁移、农地制度变迁问题，分析这些国家农地制度变迁对农民市民化的影响；结合我国实际，探讨国外农地制度变迁对我国农地管理制度优化的启示。

第一节　农民市民化背景下农地制度变迁的国际考察

现代农地制度的创新，越来越受到整个社会制度和变化的影响，而农地制度的变迁也为整个社会制度的完善和发展提供坚实的基础。纵观国际社会农地制度变迁的历史进程，无不反映着农地制度变迁带来的重大意义，尤其是对一个国家的城镇化和农民市民化进程，所起的推动作用是不言而喻的。本节，我们将重点考察英国、美国、日本、韩国等一些国家土地制度改革的历史经验，以期为新一轮我国农地制度改革寻找有价值的借鉴。

一、英国市民化背景下农地制度变迁

英国是世界上城市化发展最早的国家，也是农村人口向城镇流动开始

得最早、流动规模最大、农村人口比例下降得最快的国家。英国农村人口的乡城迁移始于11—12世纪，大量的农村穷人为了谋生从农村持续转移到城市。此后，经过15—17世纪以及18世纪下半叶的劳动力大转移，至1851年，英国成为世界上城市人口最早超过农业人口的国家，城市人口比重首次超过50%，1905年城市化水平进一步上升到79%，到2005年已经高达90%。① 工业化发展是英国城市化快速发展的重要推动力，英国城市兴起与工业发展水平密切相关，在以纺织业为代表的轻工业化带动下，能源矿业、基础设施、服务业等产业得到迅猛发展，由此吸引了大量的农村劳动力向非农产业和城市部门转移。在城市化进程中，英国比较成功地实现了农业与工业、农村与城市的协调发展，也较好地实现了城镇化与农民市民化的同步演进，同时，英国还最早在城镇建立了比较完善的福利国家保障体系。英国的城市化发展历程为其他国家城镇化建设提供了非常宝贵的经验。

英国工业化与城市化发展，是以"圈地运动"为发端，通过"圈地运动"实现对农民的财产剥夺和强制性农场化，提高了农业生产剩余的能力，迫使农业劳动力大量转向工业，从而开始了英国的工业化和城市化进程。尽管"圈地运动"导致了社会转型时期的诸多问题和阵痛，但不可否认的是，也孕育着工业文明和社会发展进步的希望，从而加快了英国近代化的进程。②

"圈地运动"是英国历史上重大的农地制度变迁。"圈地运动"之前，英国实行的是"敞田制"，其显著特征是条块分割。"敞田制"是适应9、10世纪英国经济发展环境的变化而产生，曾经推动了英国历史上时间最长、规模最大的土地开发，其特有的农牧结合有效地保持土壤的肥力，对维护小农经济起了积极的作用，使得英国传统农业保持了数世纪的繁荣。然而，随着人口的增长，条块分割的"敞田制"弊端突显，小块零散土地的生

① 周彦珍、李杨：《英国、法国、德国城镇化发展模式》，《世界农业》2013年第12期。

② 石强：《论英国社会转型时期农地制度的改革》，《社会科学家》2010年第2期。

产经营效率低下,阻碍了英国近代化大农业的发展。在此背景下,发端于民间的“圈地运动”开始兴起,这是早期的地主和农民自发进行的圈地运动。随着英国资本主义生产方式的建立并向农村扩展,“圈地运动”进入一个深入发展的阶段。

“圈地运动”之后,英国通过一系列法律规范,基本建立了独立、自由、完整的私有土地产权制度,土地所有人终身享有广泛的出租、出售、改良土地的权利,任何人不得以任何方式限制地产人的权利。1925 年,英国颁布的《财产法》确定了新的土地保有形式,从此就进入了现代的土地产权制度时期。《财产法》将土地上的合法地产权分为两类:一类是自主保有,另一类是租赁保有。它们分别称为自主保有地产权和租赁保有地产权。自主保有权即为土地持有人长期所有,一般以契约或居住、耕作使用等形式为基础确定,在他人土地上居住或使用 12 年,土地视为使用者保有;租赁保有地产权是一种有期限的地产权,有 125 年、40 年、20 年、10 年等不同期限,以签署租赁协议或合同的方式确定土地权益和内容,且在租赁期限内不能随意更改,自主保有权人不能随意干涉。[①]1986 年,英国又颁布了《农业土地所有法案》,规定农村土地租赁者交纳租金的最高限制和权利纠纷处理,保证土地租用者继续租用、使用土地的权利,等等。显然,英国的土地法规更倾向于保护土地租赁者的权益。

所有权与使用权分离是英国土地产权制度的基本特征。尽管英国土地的终极所有权属于英王或国家,但这丝毫没有影响土地使用者对土地产权的充分利用。《财产法》对土地所有者、保有者等产权主体具有明确规定,使任何一块土地的产权主体是非常明确。自主保有权人对土地的可继承、可租赁以及买卖权力促进了英国土地的流转、集中和规模化经营,为英国农业现代化创造条件;同时,也打破了土地自主保有权人对土地的人身依附关系,促进了农村人口的城乡迁移,推动了英国城市化的迅速发展。

---

① 陈勇:《英国土地制度及其实践》,《山东国土资源》2007 年第 2 期。

二、美国市民化背景下农地制度变迁

19 世纪中叶，以电力的广泛运用为主要标志，在美国掀起了第二次工业革命，使人类进入了“电气化”时代。美国在电力、无线电、内燃技术、冶金、化工等多方面的技术革新，奠定了美国工业在世界上的霸主地位。工业化带动了城市经济的发展，从而引发了 19 世纪末大规模的移民浪潮，大量的劳动力从农村走向城市，从农业转向非农产业，美国从此进入了城市化高速发展的时期。美国城市化的特点是工业化与城市化在同一时期内完成。① 工业化发展对劳动力产生巨大需求，而农业生产力的提高也释放了大量的剩余劳动力，这就为农村人口的城乡迁移创造极大的空间。因此，从发展的轨迹来看，美国走出了一条城市化、工业化、农民市民化同步发展的道路。

美国城市化与农民市民化协同发展的背后，是美国各项制度变不断变迁的结果。尤其是美国农村土地制度的变迁，为城市化快速发展提供了制度保障。几乎与美国工业化发展同步，从 19 世纪上半期开始，美国近代资本主义土地制度逐渐形成。以《等级法案》（土地价格递减法）为标志，经过国内各派力量的政治角力与利益博弈，美国政府推出了各项土地政策，既适应了美国加快开发西部国有土地的需要，也为推进工业化进程提供了制度上的保证。以“自由买卖”为特点的美国土地政策，促进了美国的工业化、城市化进程，而工业化、城市化的发展也推动了农业现代化进程和农地管理体制的改革与变迁。

美国是资本主义国家中典型的土地私有制国家，其大部分土地为私人企业和个人所占有。目前，土地分配比例大致为：私有土地约占 60%，联邦政府约占 30%，州及地方政府所有的土地约占 10%。在联邦和州政府所有的土地中，绝大部分是森林、草地和沼泽等非耕地。美国农村土地基本被

① 葛鹏：《农业转移人口市民化的国际经验与启示》，《江苏农村经济》2014 年第 3 期。

家庭农场所占有，它在美国农业生产发展过程中占有重要地位。[①] 尽管美国私有土地占大部分，但是在土地管理方面，联邦和州政府具有绝对的权威性，而地方政府和个人则处于从属地位。联邦和州政府对土地拥有土地征用权、土地管理规划权以及征收足额土地税的权力。

美国法律保护私有土地所有权不受侵犯，确保土地所有人具有稳定而有保障的土地产权。各种所有制形式之间的土地可以自由买卖和出租，价格由市场供求关系决定。美国有发达的土地市场，在符合有关法律和法令规定的条件下，土地要素自由流动。农村土地流转顺畅，利用效率高。土地所有者在土地转让、租赁、抵押、继承等各方面也都具备完全不受干扰和侵犯的权利。正因为土地所有者具备了明晰的土地产权边界，所以在美国，私有土地的侵犯行为和土地纠纷的案例罕有发生。[②]

三、日本市民化背景下农地制度变迁

与欧美相比，日本的城市化起步较晚。城市化进程晚于英国一个多世纪，晚于美国近半个世纪。尽管如此，日本的城市化及农民市民化仍然是发达国家中成功模式的又一典范。在较短的时间内，日本通过工业化、城市化和农业现代化协调发展的模式实现了高质量的城市化，有效实现了农业转移人口市民化进程。日本农民市民化驱动力来自于两个方面：其一，始于明治维新近代工业化为农业转移劳动力提供了大量就业机会和城市生活保障；其二，农业的技术进步和劳动效率提高，迫使农业劳动力向非农产业大规模转移。同时，日本政府制定了《国民收入倍增计划》、《农业基本法》、《农业现代化资金筹措法》等法律法规也为农村剩余劳动力转移提供了制度保证。1947 年，日本农村就业人口占总就业人口的比重为 54.2% ，属于典型的“传统型”产业结构国家。此后，随着日本工业化的高速发展，日本农村就业人口占比急剧下降，1955 年为 40.2% ， 1975 年为

① 李竹转：《美国农地制度对我国农地制度改革的启示》，《生产力研究》2003 年第 2 期。

② 邵彦敏：《美日现代农地制度的比较与借鉴》，《东北亚论坛》2004 年第 7 期。

13.9%，1998 年为 5.2%。[①]

日本城市化及农民市民化的快速发展离不开良好的农地制度作保障。与“人少地多”的美国相比，日本是一个山地多、耕地少、土地贫瘠的典型的“人多地少”的国家。因此，日本的农地制度安排的优先目标是保护好宝贵的农地资源，确保供给粮食生产所需要的优良的土地，为此，日本政府对土地的确认、转让、购买都作了严格的规定。如在 1950 年，日本推出的《土地法》从法律上保障了自耕农对农村土地所有权的永久地位。

工业化带动了城市经济的迅速发展，驱动了大量的农村劳动力进入第二、第三产业就业。同时，随着农业人口大规模地向非农部门转移，以山区为代表的农村地区，人口过疏化、老龄化等社会问题日益凸显。为了适应非农产业快速发展和农村人口加速转移的宏观形势，日本农业政策逐渐放宽了对农村土地的占有和流动的限制。1961 年制定了《农业基本法》，鼓励农地产权的流动；1970 年通过修订《土地法》，实现地租自由化政策，推出经营权的自由流动的土地新政，促进农地所有权与经营权的分离；1980 年制定了《农地利用增进事业法》，使农地产权的租借、买卖走向规范化和市场化；1992 年先后制定了《农业经营基础强化法》、《农业者年金基金法》、《租税特别措制法》，在财政、税制等方面给予农地市场化流转更大的支持，有效地促进农地产权的市场化流动；1999 年制定了《新农业基本法》，提出了要发展“有效率和稳定的农业经营体”的思路，鼓励农地向“认定农业生产者”集中，允许股份公司取得农地产权，参与农业经营。

通过上述一系列的农地改革措施，日本农地的流转率大大提高，全国农地出租面积的比例由 1970 年的 7.6% 上升到 1985 年的 20.5%，从而彻底瓦解了长期以来的“耕者有其田”的自耕农制度，通过土地所有权与经营权、耕种权的分离来扩大经营规模，使日本农地制度的核心转向了有效利

① 朱信凯：《农民市民化的国际经验及对我国农民工问题的启示》，《中国软科学》2005 年第 1 期。

用土地。[①]

当然,目前日本的农业生产也存在一些问题:尽管农地流转率提高有利于农村劳动力大规模转移,加快了城市化进程,但由于政府对农业过度保护,以及农业劳动力过疏化与老龄化加剧,导致农户兼业化与耕地撂荒现象日益严重,从而阻滞了农业规模经营效率的持续提升。

四、韩国市民化背景下农地制度变迁

韩国城市化快速发展始于 20 世纪 60 年代，1960 年其城市化率仅为 28.0%,至 2013 年城市化率达到 91.0%,已经完成城市化进程,历时仅半个世纪左右。韩国是新型工业化国家中农村剩余劳动力转移最快的国家之一,大量的农村劳动力沿着刘易斯模型所揭示的路径,从农业与农村领域向工业和城市部门流动,绝大部分农民已经从传统的小农生产者向现代都市的市民演进。可以说,韩国的农民市民化与城市化几乎是同步发展的。

韩国农村剩余劳动力的顺利转移,主要是由工业化和经济腾飞所驱动。当然,也离不开韩国各项制度变迁的所带来的溢出效应。其中,农村土地管理制度的创新起着重要的主导作用。

1949 年,韩国制定了《农地改革法》,并于次年开始全面推进农地制度的改革。农地制度改革的目标是取消日本殖民时代的佃耕制度,建立自耕体制。政府买进佃耕农地及超过 3 公顷的个人所有农地,以分配给自耕农。自耕农地所占比例从 1945 年的 35% 上升至 1951 年的 92%。[②] 针对“人多地少”现状,韩国通过立法加强耕地保护,以保障国家粮食安全。1972 年,韩国制定了有关农地保全及利用的法律,明确作出了农地非农化必须得到许可的规定。1975 年,韩国政府更把优质农地指定为绝对农地,不得改动土地用处,严禁用于非农以外的用途。

① 高强、孔祥智:《日本农地制度改革背景、进程及手段的述评》(上),《现代日本经济》2013 年第 2 期。

② 潘明才:《人多地少怎么办——透视韩国农地保护制度》,《中国土地》2001 年第 11 期。

随着韩国的工业化和城市化的全速推进,以及大量的农村人口涌向城市,造成了土地价格疯涨和农地被撂荒的两难困境。为此,韩国政府适时出台了各种土地政策,如采取了取消农地规模限制、严格规制土地投机等措施,以适应国家经济与社会发展对土地规划利用的需要。

总体而言,韩国是典型的土地私有制国家。1960 年之前采用土地自由买卖的政策,尽管后来为抑制土地投机和稳定低价建立了土地流转的交易规则,严格管控农地用途的变更,但农地流转还算比较顺畅。1994 年韩国制定的《农地基本法》规定在“农业振兴区”内,农户可拥有 10 至 20 公顷的土地,合作社则每个社员可拥有 10 公顷的土地;在“农业振兴区”外,家庭农场的规模在必要的情况下可增加至 5 公顷。《农地基本法》放宽了土地买卖与租赁限制,鼓励土地集中规模化经营。为推动农地顺利流转,1997 年起韩国政府推出了农民退休支付计划,规定年龄超过 65 岁以上的农民,如果愿意把土地出售或出租给专业农民 5 年以上,可一次性获得每公顷 2580 美元的补贴。①

到目前为止,韩国的土地制度已经经历了多次变迁,基本适应了经济社会发展的客观需要,有力地推动了韩国工业化、城市化和农民市民化的进程。当然,目前也面临着很多与土地有关的问题,如土地所有权不平等、无序开发、开发利润的分配不平等以及土地价格过高等。

第二节　国外农地制度变迁对我国农地制度优化的重要启示

他山之石,可以攻玉。尽管英国、美国、日本、韩国等国的土地产权制度均为资本主义私有制,这对于农村土地属于集体所有制的中国而言,在农地管理制度的实施上必然有很大的差异性,但还是可以从各国的土地政

① 张云华:《国际视野下的土地流转经验》,《中国国土资源报》2013 年 11 月 22 日。

策实践中获取经验教训,我们应立足于国情,优化农村土地管理制度,推进城镇化与农民市民化协同发展。

一、完善土地法规

“立法先行、政府推动”几乎是上述几个国家农地制度变迁的共同特征。无论是西方发达国家美、英、日,还是新型工业化国家韩国,为适应工业化和城市化发展的客观需要,都先后出台了多项土地政策法规,一方面有利于推动农村剩余劳动力的有效转移,促进了土地流转和农地资源优化配置;另一方面在法制的框架下进行土地规划利用,有利于化解土地利用过程中各利益相关者博弈行为所引致的矛盾与冲突。在完善土地法规基础上,政府还必须加强管理与服务,积极发挥市场引导职能。如英国在立法和政策保障的前提下,充分发挥政府引导作用,保证农村土地的顺利流转,促进土地集约化、规模化与专业化经营。

二、明晰土地产权

上述几个国家农地流转市场比较完善的根本原因是建立了明晰的农地产权制度。正如“科斯定理”所揭示的,稳定且功能明确的土地产权是市场交易的基础,合理的产权制度安排有助于提升土地资源的配置效率。

英国土地产权制度淡化抽象所有权归属的概念,强调财产权的具体利用和运转,这种思维模式能够及时反映和适应经济运行过程的变化和发展情况。我国政界与学术界应该从中得到启示,消除无谓的农地所有权争议而造成的社会成本与资源浪费。西方发达国家的土地产权制度值得我们借鉴,一旦土地产权明确,就会降低市场交易费用,在政策保障下必然会促进农村土地交易市场的高效运行。

三、保障土地权益

英国、美国、日本、韩国等国都实行土地私有产权制度,这些国家宪法和法规都规定了保护私有财产。尽管这些规定无法掩盖资本原始积累的“原罪”，不能掩盖早期土地掠夺者的罪恶，但是，在新的历史时期和新的发展阶段，通过法律来保障私人的土地权益，有助于维护公平有序的社会市场秩序，有助于激励农民参与土地市场交易。

当然，我国现行宪法对公民的私有财产的保护规定是非常明确的，现有的政策法规也界定了农民土地利用的各项权益。但是，正如前文所述，由于农村土地产权主体模糊、集体土地所有权虚置导致农民在农村土地管理中丧失了参与主体资格，农民土地权益受到严重侵蚀。农民市场主体得不到尊重，土地权益得不到保障，必然会抑制农民参与土地市场交易的积极性，影响了农地资源的自由流动，最终会阻碍农地市场化的演进。

第八章　农村土地管理制度优化的框架设计与政策路径

前面，我们从理论和实践、宏观与微观等多个维度对城镇化发展过程中农村土地管理问题进行理论分析与实证研究，为本书的政策研究奠定了坚实的基础。在本章，我们将基于城镇化和农民市民化协同发展的视角，提出农村土地管理制度优化的基本框架和政策路径。

第一节　农村土地管理制度优化的基本框架

农村土地管理制度的基本框架决定了各项土地政策的安排与运行。土地管理制度优化必须紧扣基本框架，采取有针对性的制度建设、制度创新，不断优化和完善现行管理制度，以提升和强化农地管理制度的执行绩效。在本节，我们将在坚持农村基本经营制度的前提下，以促进农民市民化发展为目标，结合国内外农地制度改革实践的经验教训与重要启示，提出优化我国农村土地管理制度的基本框架：

一、法制建设

当前我国农业法制建设与现代农业发展要求不相适应，突出表现在："有法不依、执法不严"现象普遍存在；政策文件与法律法规之间存在内在矛盾与冲突等等。由于法治氛围薄弱，导致基层政府对土地利用的合法监

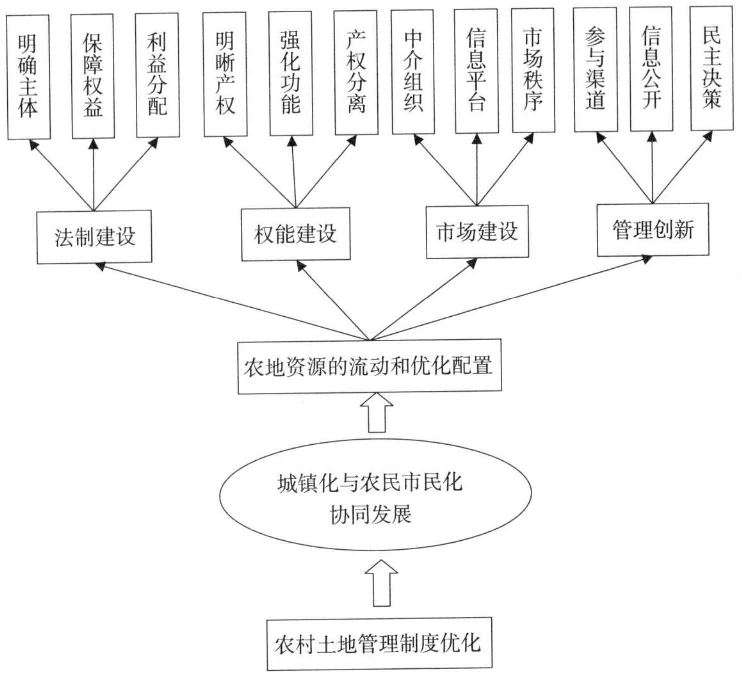

图 8-1　农村土地管理制度优化的基本框架

控能力出现弱化趋势。因此，应该借鉴西方发达国家经验，“立法先行、政府推动”，在法制框架内加强农村土地管理工作。

二、权能建设

要以强化产权功能作为农村土地制度再创新的逻辑起点，弥补产权主体模糊以及产权功能内在缺陷所造成的福利损失。总体思路是淡化所有权，加强农地产权权能建设，赋予农民完整的土地支配权、处置权和收益权。稳定且功能明确的土地产权有利于实现农地使用权的商品化和资本化，从而增进农地要素的市场流动性。

三、市场建设

总体而言，我国土地流转还没有形成一个完善的市场体系，主要表现在:缺乏公平合理的价格体系,以及与农地流转相配套的社会服务体系。要积极发展农地流转中介组织,加快建设市场交易信息平台;完善配套政策体系,推进农地资本化,加快农地流转信托、土地入股、地票、农地抵押、农地金融等方面的制度创新,全面总结可复制可推广的经验。

四、管理创新

构建一种新型土地管理模式,其价值取向在于充分保障农民的参与权与决策权。吸纳农民参与到土地管理决策中来保障农民利益表达权、话语权,逐步提升农民参与农地管理决策程度,这是今后农村土地管理制度改革与创新的重要方向。

第二节 农村土地管理制度优化的政策路径

由于农村土地制度的束缚,使农民无法真正地从农村及农业领域退出。鉴于农民市民化已经滞后于城镇化发展的事实,优化农村土地管理制度的着眼点必须是:打破农民与土地的双向依附关系,促进农业转移人口有序地退出农村与农地经营。本节将基于农地管理制度运行的宏观、微观背景,以尊重农业转移人口土地处置意愿及农地改革意愿为前提,从实践的角度提出制度优化的政策路径。

一、加强农业法制建设,以法治引领和推动农村土地管理制度的改革与创新

中国农村土地制度改革必须建立在法制化的基础之上。纵观世界农业发展的普遍规律,但凡农业现代化转型比较成功的国家,农业法制建设也是比较健全。如上一章我们所介绍的英国、美国、日本等西方发达国家,在经济社会发展的过程中不断调整与完善土地政策与法规,以法律为依据不断推动农地管理制度的改革与创新。农地制度变迁驱动这些国家的农

业走上现代化道路,同时,也促进农村剩余劳动力顺利地进入非农产业,融入城市社会中。

新中国成立以后,尤其是1978年十一届三中全会以来,我国在农业领域的法制建设也取得不小的成绩,各项法律法规也在不断完善中。如《中华人民共和国土地管理法》于1986年6月25日经第六届全国人民代表大会常务委员会第十六次会议审议通过,1987年1月1日实施。此后顺应经济社会发展的客观需要,历经三次修订,从法律制度的源头上赋予农民稳定的承包权,并明确了农地使用权转让、农地征收与补偿等改革措施。1993年通过并于2003年、2013年进行了修订的《中华人民共和国农业法》强调:"实行农村土地承包经营制度,依法保障农村土地承包关系的长期稳定,保护农民对承包土地的使用权。"2002年通过,2003年3月1日正式施行的《中华人民共和国农村土地承包法》(以下简称《土地承包法》)规定:农村土地承包采取农村集体经济组织内部的家庭承包方式;农村集体经济组织成员有权依法承包由本集体经济组织发包的农村土地,任何组织和个人不得剥夺和非法限制农村集体经济组织成员承包土地的权利;农村土地承包后,土地的所有权性质不变等等。《土地承包法》以法律的形式对土地承包中涉及的重要问题作出规定,这对稳定农村土地承包政策,保障农民土地承包权益,以及促进农业农村发展具有重大意义。除了以上三大法规外,还先后出台了《退耕还林条例》、《基本农田保护条例》、《农村宅基地管理办法》、《中华人民共和国农村土地承包经营纠纷调解仲裁法》等多部法律法规。

可见,我国在农业法制建设方面也取得很大的成绩,为巩固和加强农业在国民经济中的基础地位,深化农村改革以及保障农民土地权益等作了巨大的贡献。在加强农业立法同时,中央还根据形势发展的需要出台了一系列政策文件,涉及农村土地承包、宅基地、林权、土地权属、农地开发利用、征地安置补偿、土地争议解决等一百多份(截止到2009年,详见本书附录三)。尽管我国针对农村土地管理问题出台了大量的法律法规,但是,在具体实践中并没有充分发挥效力,"有法不依,执法不严"现象普遍,甚至还出现法律法规与政策文件之间的矛盾。在第四章,本书已对“中央政策精神和现行法律法规之间存在内在冲突”问题进行深入探讨。

基于以上认识,我们认为对现有涉及农地管理的法律法规及政策文件进行清理与修订已经刻不容缓。对不合时宜的要抓紧修订与完善,同时,要因应宏观背景的变化,适时推出符合经济社会发展的土地法规。如随着大量农村人口向城市转移,农地流转已成为一大趋势。发达国家的农村土地流转往往有完善的法律体系作保障,但中国目前在这方面的立法还相当薄弱,难以起到指导性作用。虽然《土地管理法》、《农村土地承包法》、《农村土地承包经营权流转管理办法》等都有涉及农地使用权转让问题,但是内容比较陈旧,针对性不强,尤其是农地流转过程中利益分配、政府管制等问题没有明确地规定;再则,现有的法律与法规,都没有对农民市民化进程中退出农地承包权及其补偿问题进行详细而明确的给规定,从而阻碍了农业转移人口真正退出农村与农业领域,实现农民身份转变的市民化进程。

基于当前农村人口城乡迁移的宏观背景,以及我国农地管理中矛盾突出的现状,我们认为,新形势下完善农地管理立法的重点领域和方向应该是:① 耕地承包权和宅基地退出利益补偿的法律法规。打破农民与农地的人身依附关系,需要建立基于农民意愿的农地退出机制,而“退出机制”的缺失,恰恰就是当前农村土地制度固有的缺陷。因此,必须从法律层面顶层设计退地利益补偿机制,明确界定退地补偿标准和补偿费用承担主体等问题。合理的补偿机制有助于激励已融入城市社会的农业转移人口退出宅基地和耕地承包权;② 促进农地流转的法律法规,比如农地流转中政府职能界定、农地流转合同的管理及实施、土地增值收益分配等等;③ 完善与中央政策文件存在内在冲突的法律条文,如农民市民化进程中耕地保护与耕地处置问题等;④ 农地管理中农民主体地位及土地权益保障的法律法规。如界定政府、村委会(农民集体组织)、农民在农地开发利用中的角色,农民参与农地管理的渠道、方式,征地补偿价格谈判机制等等。

除了加强立法,还必须转变治理理念,减少行政干预,尽早完成“以文件治农”向“以法治农”转变。使法治成为乡村治理与农地管理的新常态,以法治引领和推动农村土地管理制度的改革与创新。以法治农,不仅可以避免由于农民与中央政策直接“对话”而导致的基层政权治理能力弱化的窘境,还可以减少土地利用博弈中存在的寻租行为等腐败现象。在法律的框架内实现乡村治理的现代化转型,有助于解决农地利用中利益博弈形成的矛盾与冲突,也有助于保障农民土地权益,从而有助于降低农村的“维稳”成本,有效化解农村基层政权与农民之间的信任危机。

二、加强产权权能建设，赋予农民稳定且功能明确的农地产权

激励和约束、促进交易是产权的两大重要功能,而我国农村土地的这两大产权功能都没有得到充分发挥,这是导致当前城镇化进程中农地资源配置低效、市场化程度不高的主要原因。因此,加强农地产权权能建设,对于促进农地市场化演进和农地资源优化配置都具有现实紧迫性。我国农地产权功能缺陷的基本动因是产权主体不清与身份模糊,由此“弱化”了农地产权的排他性并导致产权受到侵蚀。①

针对农地产权缺陷问题,中央也意识到强化农地产权权能的重要性,并试图采取各项政策措施进行纠正与完善。如通过一系列政策法规来加强农地产权管理,并承诺给予农民长期而稳定的承包权。但从总体绩效来看,尚存在较大的改进空间。我们认为,加强农地产权权能建设,应着重从以下几个方面着手:

(一)进一步落实土地确权

土地确权的根本目的在于明晰产权关系。只有明晰产权,才可以推进土地要素市场化、商品化,为农民融资抵押开拓渠道;通过确权颁证,使农民土地权力更加充分而有保障,进而能有效解决农村土地权属纠纷,化解农村社会各种矛盾。当然,在具体实践中,有些地方由于农地细碎化严重,土地权属界址不清晰,权属纠纷难以得到妥善解决,从而导致了农地确权

① 罗必良:《农地产权模糊化:一个概念性框架及其解释》,《学术研究》2011 年第 12 期。

成本高昂。对此,地方政府应该协同基层组织,增加人力物力,秉着公平公正、程序公开的原则,确定地块面积、四至、空间位置并进行详尽登记,经过公开公示、发放权属证书。

(二)加快还权赋能

有权力还要赋予功能。按照"三权分置"原则,在稳定承包权前提下,完整地赋予农民土地支配权、处置权和收益权。把农民土地财产权益变成发展的资本,除了直接用于农业生产经营外,还可以公开市场交易、融资。通过稳步推进农地使用权资本化,促进农业的规模化、集约化经营和农民增收,起到了加快农地流转、优化配置农地资源的作用。

党的十八大三中全会通过的《中共中央关于全面深化改革若干重大问题的决定》(以下简称《决定》)就进一步扩大农地权能作了明确的部署,强调要"赋予农村集体经营性建设用地与国有建设用地同等的权能和地位","在符合规划和用途管制前提下,允许农村集体经营性建设用地与国有土地同等入市、同权同价"。《决定》为加快农地还权赋能,稳定农民土地权益提供了坚实的政策基础。

(三)撇清政府与农民之间的利益关系

在前面,我们论述了土地利用的利益相关者行为,指出利益相关者的博弈行为导致了社会福利的净损失,此不仅影响乡村治理现代化转型进程,也影响农地资源的合理开发与利用。在担负社会公益事业和"土地财政"的现实背景下,让政府完全退出土地增值收益分配过程是不现实的,地方政府总会有土地利益索取的政治逻辑,因此,合理界定各级政府在农地管理中的角色,压缩地方政府土地失范行为的空间,成为当下亟待解决的课题。

党的十八大三中全会通过的《决定》明确提出:"缩小征地范围,规范征地程序,完善对被征地农民合理、规范、多元保障机制。扩大国有土地有偿使用范围,减少非公益性用地划拨。建立兼顾国家、集体、个人的土地增值收益分配机制,合理提高个人收益。完善土地租赁、转让、抵押二级市场。"从《决定》中我们可以看出,最大限度减少政府的行政力量对城乡土地配置的干预,完整地赋予并充分保障农民的土地支配权、处置权和收益权,是新一轮农地制度改革中理顺政府与农民利益关系的重要原则。

强化产权功能可以有效弥补现阶段农地产权主体模糊造成的福利损失,不仅有助于激励农民作出提高农地配置效率的决策,也有助于实现农地使用权的商品化和资本化。无论是马克思主义产权理论还是西方产权理论,都肯定了产权商品化对资源配置的重要意义。因此,在现阶段加强产权权能建设,赋予农民稳定且功能明确的农地产权是城镇化进程中农村土地管理制度优化的重要内容。

三、加快土地市场建设，为农地流转创造良好的外部环境

据前面的实证研究,农业转移人口农地处置意愿出现了分化,无论如何也不愿意放弃承包权的占比超过三成。针对于此,必须加快土地市场建设,为农地流转创造良好的市场环境。通过农地流转,促进农地规模化与集约化经营,为农业现代性的生成提供前提条件。当前,农地流转市场不完善主要体现在价格指导机制缺失,以及与土地流转相配套的中介组织建设滞后等两个方面。因此,农地流转市场建设必须围绕这两个方面展开:

（一）要建立一个透明公平的价格指导机制

没有市场定价机制,交易过程及结果不透明都可能造成农民利益的流失。理论上来讲,土地流转市场的价格生成取决于供求双方博弈的结果,但是信息不对称、市场博弈中的弱势地位,致使农民难以获得与真实价值相匹配的流转价格。我们在福建省仙游县农村地区调研时,了解到当地很多村民以每亩一石稻谷的价格让渡农地使用权,这种价格明显偏离了真实的市场价值。由于流转收益低,抑制了农民参与流转的积极性,撂荒或者粗放经营现象比较普遍。我们经常看到,一些农田只栽了几棵果树,或者用篱笆圈起来饲养家禽。因此,建立农地流转市场的价格指导机制意义重大,这是农民土地权益得以维护的现实依据。

建立一个透明公平的价格指导机制需要政府的支持与引导。可根据当地经济发展的状况、物价水平及收入变动情况,结合地理区位、农地质量

与基础设施条件等，向全社会公开本地区农地流转的指导价格，使土地更真实地反映其市场价值。通过建立公开、合理的价格指导机制，保护土地流转各方利益，降低由于信息不对称导致的福利损失，引导农村土地经营权有序流转。

（二）要建立与农地流转相配套的社会服务体系

加快农地流转的速度与规模，还必须建立与之相配套的社会服务体系。一是要尽快建立服务于农地流转的中介组织，打造程序规范、操作公开的交易平台，提供土地经营权供求登记、信息发布、价格评估、法律政策咨询等中介服务，为农地流转供求双方提供便利。二是要逐步建立公开、透明的农地流转信息平台，实现农地流转信息的网络化管理，降低信息搜寻成本，减少农地流转的交易费用。三是要建立和健全农地流转信贷制度。由于农业面临自然和市场的双重风险，种粮大户和龙头企业难以获得银行和投资者的资金支持。建议政府可以通过优惠的财税政策，鼓励银行和各种投资机构积极为农村种粮大户、产业化经营的企业发放贷款，提升农业综合生产能力和抗风险生产能力。[①]

除了以上两个方面，当地政府还需要加强农地用途监管，抑制农地非农化倾向，确保农地农用。在坚持土地公有制性质不改变、耕地红线不突破、农民利益不受损三条底线的前提下，通过建设有效运转的农村土地市场加速农村土地要素的合理流动。

四、创新管理模式，尊重农民的农地管理主体地位

农民是土地利益相关者，也是农村土地管理的主体之一。但在具体实践中，农民往往被排斥在农地规划与管理的决策之外，丧失了参与主体的资格。在农地征收与规划过程中，农民缺乏知情权、监督权。我们在调研中，村民们普遍反映“土地处置的过程不够透明”、“说不上话”等问题。主体地位被剥夺，导致了农民利益表达权缺失，新一轮农村土地制度改革

① 参见笔者：《中国城镇化进程中农民退出机制研究》，人民出版社2012年版，第150—151页。

也将因之而难以得到农民的积极支持与广泛参与。

创新管理模式，尊重农民的土地管理主体地位，应该是城镇化与农民市民化协同发展下农村土地管理制度优化的重要内容。在农民的主体地位得到充分尊重情况下，就会倾向于作出正确的、理性的判断和选择。尤其是，农业转移人口就会通过成本与收益的权衡，作出自身利益最大化的农地处置方式，有助于他们尽快融入城市社会。

鉴于当前农地管理中农民主体地位缺失的困境，我们必须采取以下措施来加快农地管理模式的创新：

（一）健全农民利益表达机制

建立农民利益表达机制，畅通农民与政府之间信息沟通的渠道，有助于减少非理性和不合法的利益表达行为，化解农民与地方政府在土地权益博弈中的矛盾冲突，同时也维护了农民的利益主体地位，激发广大农民群众的创造性和积极性，为农业现代化提供了良好社会环境和法治环境。

建立健全农民利益表达机制，必须拓宽利益诉求渠道，建设多元的利益表达平台。除了要进一步改革和完善现有的信访制度，还要充分利用现代网络媒体，双向传递政府与农民的声音与信息，增强相互信任和理解。确保农民在涉及切身利益的问题上可以表达自己的意见、诉求，并拥有参与农村公共事务的决策、管理与监督等权力。此外，还要制定政策鼓励和引导农村非政府组织发展，通过提高农民的组织化程度，聚合农民利益表达权，提升农民市场博弈能力和群体性利益表达能力，维护农民合法的土地权益。

（二）完善信息公开制度

信息不对称，是造成农民在市场博弈中处于弱势地位的原因之一，也是造成农民对地方政府与村委会不信任的重要原因。完善信息公开制度是新型土地管理模式得以有效运作的关键部分。一方面，文化素质偏低、信息资源匮乏等因素影响了农民对当前市场形势作出准确的判断，以及对未来的风险和收益进行合理的预期；另一方面，与农民相比，政府处于强势地位，拥有较多的信息资源。信息不对称将影响农民对地方政府的信任度，也阻碍了农民知情权、监督权与决策权的实现。

在农地规划与管理过程中，凡是涉及农民切身利益的事项，如土地征收及补偿、土地开发利用的总体规划、土地结构调整等各项事宜都要及时通过宣传栏、广播、电视、网络、手机短信等多种渠道公开公示，经过村民会议或者村民代表会议，实行少数服从多数的民主决策机制和公开透明的工作原则，不能由个人或少数人决定。建立信息公开制度，让土地管理在阳光下运行，是农民参与农地管理决策的前提条件。

（三）拓宽农民参与决策渠道

当前，农村土地管理过程中普遍存在农民参与广泛性不够、积极性不高、以及组织化程度低等问题。针对这些问题，除了要健全农民利益表达机制和完善信息公开制度外，还必须对农民参与土地管理决策的方式、途径要作出明确的规定，并以法律的形式固定下来，使农民参与决策有据可循、有法可依。

拓宽农民参与渠道，重要环节是征求农民对农地开发利用的意见，运用建议征集制度，引导农民献计献策，确保农村土地规划利用是在民主决策机制下进行。在主体地位得到尊重的情况下，必然会提高农民参与农地管理的质量，激发农民对村庄事务管理的参与热情，使“民主管理、民主监督、民主决策”成为农村土地管理的新常态。

（四）尊重农民土地处置意愿

在城镇化快速发展与农村人口加速转移的背景下，破解农村土地管理制度对农民市民化的制约，必须在依法保护耕地的前提下，从尊重农民意愿出发，通过采取差异化的政策措施，激励与引导农业转移人口有序退出农村与农地经营。

对于愿意退出农地承包权的，要从法律上明确农民土地退出的补偿规定，建立能真正体现市场价值的退地利益补偿机制，激励包括农村大学生在内的农业转移人口在非农化过程中退出农地承包权，赋予农民在市民化进程中能从农村和土地上全身而退的权力，这既有利于实现农地资源的集约利用与优化配置，也有助于农民在获得合理补偿条件下尽快融入城市社会。

对于选择固守农地承包权的,政府和农村基层组织应采取“有所为有所不为”的应对策略。在承包期内,不能采取强制的措施剥夺农民的农地承包权或使用权,而要充分尊重他们的农地处置意愿,依法保障他们的土地权益。要加强基础设施建设,改善农地流转的市场环境,创造条件促进农业转移人口的承包地有效流转;同时,也必须严格保护耕地和基本农田,依法监管农地使用状况,避免出现农地非农化现象,及时制止违法占用耕地建房、闲置荒废等行为。

附录一　进城务工人员农地处置状况调查问卷

访问时间:______年____月____日

访问地点:______省____市____区(市、县)

A　个人及家庭的基本情况

A1、您的家乡是在______省(市)____县(市)____镇(乡)

A2、您的性别:(　　)①男;②女

A3、您的年龄:(　　)①20岁以下;②20—35岁;③35—50岁;④50岁以上

A4、您的婚姻状况:(　　)①未婚;②已婚;③离婚;④丧偶

A5、您的文化程度:(　　)①小学或以下;②初中;③高中或中专;④大专及以上

A6、您打工的年限:(　　)①5年以下;②5—10年;③10年以上

A7、您从事的行业:(　　)①制造业;②建筑业;③交运仓储邮政业;④住宿餐饮业;⑤批发零售业;⑥其他服务业

A8、您现在在城镇的住房是:(　　)①单独租的;②和人合租的;③借住亲友的;④购买商品房;⑤自建的;⑥单位提供;⑦其他(请说明)______

____

A9、您的家庭收入主要来源:(　　)①农业收入;②外地打工收入;

③从事非农家庭经营收入；④其他途径

A10、您的家庭年收入状况:（　　）①1万以下；②1—3万元；③3万—5万；④5万—8万；⑤8万以上

A11、您的家庭成员构成:（　　）①单身1人；②夫妻俩1代家庭；③和子女一起2代人家庭；④和父母一起2代家庭；⑤3代人一起生活的家庭；⑥其他

B　城镇生活状况

B1、您认为您在城镇生活（只选择一项）:（　　）①没什么困难,想在城镇定居；②有些困难,但能克服,想在城镇定居；③没什么困难,但仍想回老家；④困难,但相信慢慢能克服,所以暂时还不想回老家去；⑤很困难,因此想回老家去了

B2、你是否已适应当前城市生活的方式和状态？（　　）①是；②否

B3、你是否感觉到自己属于这座城市？（　　）①是；②否

C　家乡农地处置意愿

C1、您家原先的承包地是（只选择一项）:（　　）

①仍由自己承包并耕种（自己或亲属耕种）；②仍由自己承包但基本上已荒废；③转包给别人耕种；④已由集体收回承包权；⑤已被全部征用；⑥原本就没有承包地

注:C1如果选择④、⑤、⑥直接跳到C7。

C2、家里共有多少亩承包地(从集体承包的地,如果没有就填0)

①耕地____亩____分（包括水、旱地）；②水面____亩____分；

③山地____亩____分；④林地____亩____分；⑤牧地____亩____分

C3、您对目前农村土地价值的主要看法是:第一（　　）、第二（　　）、第三（　　）

①基本生活保障；②家庭收入的重要来源；③农民的命根子；④种地是农民的职业；⑤给予归属感与安全感；⑥乡村生活的身份标志；⑦土地有增值的空间；⑧其他（请说明）________________

C4、如果您的家庭已全部搬迁到城里，在城里定居生活，您希望如何处置承包地（只选择一项）：(　　)

①被国家或集体征用；②转包或租赁给别人；③无偿地退还给集体；④如果补偿合理，退还给集体；⑤先荒废一段时间再说；⑥其他（请说明）________________

C5、如果您不再从事农业，并满足 C6 中条件之一，您会放弃承包地吗？(　　)

①无论如何也不会放弃；②如果条件满足愿意放弃；③视情况而定

注：C5 如果选择①、③直接跳到 C7。

C6、（不愿意放弃的无需回答该题）您愿意放弃承包地的前提条件是（只选择一项）：(　　)

①获得合适的补偿金；②解决城市户口；③以土地置换城里的住房；④在城里有稳定收入的工作；⑤以土地置换养老保险与医疗保险；⑥解决子女就学或就业问题；⑦其他（请说明）________________

C7、您认为农村土地的产权归谁所有？(　　)

①国家；②农村集体；③农民个人；④说不清楚

C8、您平时有关注农村土地改革问题吗？(　　)

①经常关注；②没有关注；③偶尔关注

C9、新一轮的农村土地管理制度改革已经启动，您希望如何改革？（根据被调查对象的叙述，由调查人员填写）

____

____

____

最后祝您身体健康！万事如意！

附录二　农村生源大学生农地处置状况调查问卷

访问时间:______年____月____日

访问地点:____________________

A　你老家所在村落的情况

A1、你所在村在______省____市(县)____区(镇、乡)____村。

A2、你所在村的户数____;距离最近的县城____公里;人均耕地约____亩/人。

B　个人及家庭的基本情况

B1、你的性别____;出生年:______年。

B2、你现在是____ ①大学专科生;②大学本科生;③研究生

B3、你的专业是____ ①理工科;②文科;③其他

B4、你是党员吗? ____①是;②不是

B5、你现在的户口是____? ①入学时迁到学校;②已迁入城镇,为非农户口;③仍然在老家,农业户口;④其他

B6、去年你全家的年纯收入约为：______元。

B7、你家的主要收入来源为：________

①农业；②以农为主兼业；③以非农为主兼业；④非农业

B8、家里共几口人？ ________

B9、家里 16 岁以上，65 岁以下从事劳动的人数________；家里从事农业劳动力人数________

B10、你了解目前农村土地承包相关政策吗？ ____

①了解；②了解一些；③不大了解；④不了解

B11、你毕业后职业意向____

①留在城里工作；②去农村从事非农工作；③回乡从事农业工作；④其他____

C　承包地利用状况

C1、你本人有承包地吗？ ____

①家里有承包地，我也有份；②入学后承包地被集体收回；③承包地全部被政府征收；④入学前没有分到承包地；⑤其他____

C1 选①的请继续回答如下问题，如果选择 2、3、4 请直接回答 D

C2、你家里承包地共有多少亩？

①耕地____亩（包括水、旱地）；②山地____亩；③林地；④牧地____亩

C3、家里承包地灌溉条件总体情况____

①好或较好；②一般；③差或很差

C4、你的承包地目前利用状况是____

①由家里亲属耕作；②处于流转状态；③处于抛荒状态；④已成为宅基地；⑤其他____

C5、如果将来你不再回乡务农，你希望如何处置承包地？

①被国家或集体征用；②转包或租赁给别人；③如果补偿合理，愿意退

还给集体；④无论如何都要保留（不放弃承包权也不参与流转）

D　失地学生土地意愿
（该部分是针对没有承包地的学生）

D1、你是如何散失承包地的？

①被集体收回；②被政府征收或征用；③本来就没有分到承包地；④其他________________

D2、你散失土地承包权时是否获得补偿？____

①有；②没有

D3、如果获得补偿（无补偿的直接回答 D4），补偿什么？________

①货币补偿；②实物补偿（请说明补偿内容________________）

D4、你毕业后职业意向____

①留在城里工作；②去农村从事非农工作；③回乡从事农业工作；④还没有想好；⑤其他________________

D5、如果你的户口仍在老家，或者今后户口打回原籍，有转包土地使用权的意愿吗？____

①有；②没有

D6、你是否希望在老家新一轮土地承包权调整时能分到土地承包权？____

①是；②否

最后祝你学业进步！万事如意！

附录三　农村土地法律政策目录（截至2009年）

（摘录于《最新农村土地法律政策全书》，中国法制出版社 2009 年版）

（一）综合

1. 中华人民共和国农业法（2002 年 12 月 28 日）

2. 中华人民共和国土地管理法（2004 年 8 月 28 日）

3. 中华人民共和国土地管理法实施条例（1998 年 12 月 27 日）

4. 国务院法制办公室、国土资源部关于对《中华人民共和国土地管理法实施条例》第二条第（五）项的解释意见（2005 年 3 月 4 日）

5. 国土资源部关于贯彻执行《中华人民共和国土地管理法》和《中华人民共和国土地管理法实施条例》若干问题的意见（1999 年 9 月 17 日）

6. 国务院办公厅关于深入开展土地市场治理整顿严格土地管理的紧急通知（2004 年 4 月 29 日）

7. 国务院关于深化改革严格土地管理的决定（2004 年 10 月 21 日）

8. 国土资源部关于贯彻落实《国务院关于深化改革严格土地管理的决定》的通知（2004 年 10 月 31 日）

9. 国土资源部关于当前进一步从严土地管理的紧急通知（2006 年 5 月 30 日）

10. 国务院关于加强土地调控有关问题的通知（2006 年 8 月 31 日）

11. 土地登记办法（2007 年 12 月 30 日）

12. 关于贯彻实施《土地登记办法》进一步加强土地登记工作的通知

（2008 年 4 月 8 日）

13. 土地登记资料公开查询办法（2006 年 12 月 4 日）

14. 最高人民法院印发《关于当前形势下进一步做好涉农民事案件审判工作的指导意见》的通知（2009 年 6 月 19 日）

15. 中共中央关于推进农村改革发展若干重大问题的决定（节录）（2008 年 10 月 12 日）

（二）农村土地承包

16. 中华人民共和国物权法（2007 年 3 月 16 日）

17. 国土资源部关于贯彻实施《中华人民共和国物权法》的通知（2007 年 5 月 8 日）

18. 中华人民共和国农村土地承包法（2002 年 8 月 29 日）

19. 中华人民共和国农村土地承包经营纠纷调解仲裁法（2009 年 6 月 27 日）

20. 农村土地承包经营权流转管理办法（2005 年 1 月 19 日）

21. 中华人民共和国农村土地承包经营权证管理办法（2003 年 11 月 14 日）

22. 国务院批转农业部《关于稳定和完善土地承包关系的意见》的通知（1994 年 12 月 30 日）

23. 中共中央办公厅、国务院办公厅关于进一步稳定和完善农村土地承包关系的通知（1997 年 8 月 27 日）

24. 中共中央关于做好农户承包地使用权流转工作的通知（2001 年 12 月 30 日）

25. 农业部关于贯彻落实《中共中央关于做好农户承包地使用权流转工作的通知》的通知（2002 年 5 月 28 日）

26. 国务院办公厅关于妥善解决当前农村土地承包纠纷的紧急通知（2004 年 4 月 30 日）

27. 关于进一步做好稳定和完善农村土地承包关系有关工作的通知

（2005 年 3 月 11 日）

28. 最高人民法院关于审理涉及农村土地承包纠纷案件适用法律问题的解释（2005 年 7 月 29 日）

（三）宅基地

29. 国务院关于制止农村建房侵占耕地的紧急通知（1981 年 4 月 17 日）

30. 中共中央、国务院关于加强土地管理、制止乱占耕地的通知（1986 年 3 月 21 日）

31. 国务院批转国家土地管理局关于加强农村宅基地管理工作请示的通知（1990 年 1 月 3 日）

32. 村庄和集镇规划建设管理条例（1993 年 5 月 7 日）

33. 中共中央、国务院关于进一步加强土地管理切实保护耕地的通知（1997 年 4 月 15 日）

34. 中共中央、国务院关于促进小城镇健康发展的若干意见（2000 年 6 月 13 日）

35. 建设部关于贯彻《中共中央、国务院关于促进小城镇健康发展的若干意见》的通知（2000 年 8 月 30 日）

36. 国土资源部关于加强土地管理促进小城镇健康发展的通知（2000 年 11 月 30 日）

37. 国土资源部印发《关于加强农村宅基地管理的意见》的通知（2004 年 11 月 2 日）

38. 国土资源部关于进一步加快宅基地使用权登记发证工作的通知（2008 年 7 月 8 日）

（四）林权

39. 中华人民共和国森林法（1998 年 4 月 29 日）

40. 中华人民共和国森林法实施条例（2000 年 1 月 29 日）

41. 中华人民共和国草原法（2002 年 12 月 28 日）

42. 对《关于如何理解（中华人民共和国森林法实施条例）有关规定的请示》的答复（2003 年 5 月 28 日）

43. 退耕还林条例（2002 年 12 月 14 日）

44. 国务院关于进一步完善退耕还林政策措施的若干意见（2002 年 4 月 11 日）

45. 中共中央 国务院关于全面推进集体林权制度改革的意见（2008 年 6 月 8 日）

46. 森林防火条例（2008 年 12 月 1 日）

47. 林木和林地权属登记管理办法（2000 年 12 月 31 日）

48. 国家林业局关于进一步加强和规范林权登记发证管理工作的通知（2007 年 2 月 8 日）

49. 国家土地管理局关于林地、滩涂及矿山企业用地确权发证问题的批复（1989 年 12 月 16 日）

50. 国家土地管理局对关于非法占用林地进行非农业建设问题的处理意见的请示的答复（1992 年 10 月 17 日）

51. 国家林业局关于加强集体林权制度改革宣传的通知（2008 年 7 月 14 日）

52. 国家林业局关于国有林业局与地方林权争议调处问题的复函（2009 年 2 月 19 日）

53. 最高人民法院关于审理破坏森林资源刑事案件具体应用法律若干问题的解释（2000 年 12 月 11 日）

54. 最高人民法院关于审理破坏林地资源刑事案件具体应用法律若干问题的解释（2005 年 12 月 26 日）

（五）土地权属

55. 国家土地管理局关于对山东省土地管理局有关土地权属问题请示的答复（1992 年 2 月 22 日）

56. 国家土地管理局地籍管理司关于对农场用地确权有关问题的函

（1992 年 6 月 2 日）

57. 国家土地管理局地籍管理司关于对土地确权有关问题请示的答复（1993 年 2 月 2 日）

58. 国家土地管理局关于对土地权属有关问题请示的答复（1993 年 2 月 3 日）

59. 国家土地管理局地籍管理司关于单位分立引起土地使用权纠纷问题请示的答复（1994 年 9 月 5 日）

60. 国家土地管理局地籍管理司关于土地使用权纠纷有关问题的答复（1994 年 9 月 6 日）

61. 国家土地管理局对辽宁省土地管理局关于对执行《土地管理法》第十九条规定的请示的批复（1994 年 11 月 10 日）

62. 国家土地管理局地籍管理司关于对北京市土地管理局《关于土地权属问题的请示》的答复（1994 年 12 月 3 日）

63. 国家土地管理局地籍管理司关于对农民集体土地确权有关问题的答复（1994 年 12 月 9 日）

64. 国家土地管理局关于印发《确定土地所有权和使用权的若干规定》的通知（1995 年 3 月 11 日）

65. 国家土地管理局对山西省土地管理局关于《确定土地所有权和使用权的若干规定》中第五十六条适用范围的请示的复函（1995 年 7 月 31 日）

66. 国家土地管理局关于土地权属问题的批复（1996 年 3 月 6 日）

67. 关于土地使用权抵押登记有关问题的通知（1997 年 1 月 3 日）

68. 国土资源部对确定土地使用权有关问题的批复（1999 年 1 月 19 日）

69. 国土资源部关于土地确权有关问题的复函（1999 年 6 月 4 日）

70. 国土资源部办公厅关于确定土地所有权和使用权有关问题的复函（1999 年 6 月 7 日）

71. 国土资源部关于加强耕地保护促进经济发展若干政策措施的通知（2000 年 12 月 27 日）

72. 关于供销合作社能否享有集体土地所有权问题的复函（2002 年 1 月 24 日）

73. 关于带地入社土地确权问题的复函（2002 年 12 月 31 日）

74. 对有关土地权属争议调查处理权限问题的复函（2004 年 5 月 20 日）

75. 关于对农民集体土地确权有关问题的复函（2005 年 1 月 17 日）

76. 关于注销土地他项权利登记有关问题的复函（2007 年 3 月 29 日）

77. 最高人民法院关于同意土地登记在两个土地证上应如何确认权属的复函（1992 年 7 月 9 日）

78. 最高人民法院行政审判庭关于对农民长期使用但未取得合法权属证明的土地应如何确定权属问题的答复（1998 年 8 月 17 日）

（六）农村土地开发利用

79. 中华人民共和国水土保持法（1991 年 6 月 29 日）

80. 中华人民共和国水土保持法实施条例（1993 年 8 月 1 日）

81. 国务院关于促进节约集约用地的通知（2008 年 1 月 3 日）

82. 基本农田保护条例（1998 年 12 月 27 日）

83. 关于严禁非农业建设违法占用基本农田的通知（2003 年 8 月 21 日）

84. 关于进一步采取措施落实严格保护耕地制度的通知（2003 年 11 月 17 日）

85. 国土资源部关于印发《关于基本农田保护中有关问题的整改意见》的通知（2004 年 10 月 21 日）

86. 关于抓紧做好基本农田保护检查有关工作的通知（2004 年 11 月 18 日）

87. 关于进一步做好基本农田保护有关工作的意见（2005 年 9 月 28 日）

88. 土地复垦规定（1988 年 11 月 8 日）

89. 国家土地管理局关于对执行《土地复垦规定》有关问题请示的批复（1997 年 9 月 26 日）

90. 农业综合开发土地复垦项目管理暂行办法（2000 年 12 月 29 日）

91. 关于加强生产建设项目土地复垦管理工作的通知（2006 年 9 月 30 日）

92. 国务院办公厅关于治理开发农村“四荒”资源进一步加强水土保持工作的通知（1996 年 6 月 1 日）

93. 国务院办公厅关于进一步做好治理开发农村“四荒”资源工作的通知（1999 年 12 月 21 日）

94. 水利部关于印发《治理开发农村“四荒”资源管理办法》的通知（1998 年 12 月 15 日）

95. 土地利用年度计划管理办法（2006 年 12 月 19 日）

96. 土地利用现状分类（2007 年 8 月 10 日）

97. 土地储备管理办法（2007 年 11 月 19 日）

98. 关于土地开发整理工作有关问题的通知（1999 年 10 月 18 日）

99. 土地开发整理规划管理若干意见（2002 年 4 月 23 日）

100. 土地开发整理若干意见（2003 年 10 月 8 日）

101. 关于加强和改进土地开发整理工作的通知（2005 年 2 月 7 日）

102. 关于坚持依法依规管理节约集约用地支持社会主义新农村建设的通知（2006 年 3 月 27 日）

（七）征地安置补偿

103. 国务院办公厅关于制止和解决供销合作社经营、服务设施被无偿拆迁、占用的通知（1997 年 5 月 21 日）

104. 蓄滞洪区运用补偿暂行办法（2000 年 5 月 27 日）

105. 南水北调工程建设征地补偿和移民安置暂行办法（2005 年 1 月 27 日）

106. 大中型水利水电工程建设征地补偿和移民安置条例（2006 年 7 月 7 日）

107. 国务院关于完善大中型水库移民后期扶持政策的意见（2006 年 5 月 17 日）

108. 国务院办公厅转发劳动保障部关于做好被征地农民就业培训和社会保障工作指导意见的通知（2006 年 4 月 10 日）

109. 国土资源部关于加强征地管理工作的通知（1999 年 12 月 24 日）

110. 国土资源部关于切实做好征地补偿安置工作的通知（2001 年 11 月 16 日）

111. 国土资源部关于切实维护被征地农民合法权益的通知（2002 年 7 月 12 日）

112. 关于严禁非农业建设违法占用基本农田的通知（2003 年 8 月 21 日）

113. 关于完善农用地转用和土地征收审查报批工作的意见（2004 年 11 月 2 日）

114. 国土资源部关于完善征地补偿安置制度的指导意见（2004 年 11 月 3 日）

115. 国家税务总局关于征用土地过程中征地单位支付给土地承包人员的补偿费如何征税问题的批复（1997 年 2 月 13 日）

116. 征用土地公告办法（2001 年 10 月 22 日）

117. 国务院法制办公室对湖南省人民政府法制办公室《关于 1998 年征地、1999 年发生的补偿标准争议能否适用裁决程序的请示》的答复（2003 年 5 月 23 日）

118. 关于加强农村集体经济组织征地补偿费监督管理指导工作的意见（2005 年 1 月 24 日）

119. 国土资源部关于加快推进征地补偿安置争议协调裁决制度的通知（2006 年 6 月 21 日）

120. 关于切实做好被征地农民社会保障工作有关问题的通知（2007 年 4 月 28 日）

121. 最高人民法院关于土地被征用所得的补偿费和安置补助费应归被征地单位所有的复函（1995 年 1 月 16 日）

122. 最高人民法院关于受理房屋拆迁、补偿、安置等案件问题的批复

（1996年7月24日）

123. 最高人民法院研究室关于人民法院对农村集体经济所得收益分配纠纷是否受理问题的答复（2001年7月9日）

124. 最高人民法院研究室关于村民因土地补偿费、安置补助费问题与村民委员会发生纠纷人民法院应否受理问题的答复（2001年12月31日）

125. 最高人民法院行政审判庭关于农村集体土地征用后地上房屋拆迁补偿有关问题的答复（2005年10月12日）

（八）土地争议解决

126. 最高人民法院关于处理农村合作化后所发生的土地、继承纠纷的复函（1958年3月26日）

127. 土地监察暂行规定（1995年6月12日）

128. 土地违法案件查处办法（1995年12月18日）

129. 查处土地违法行为立案标准（2005年8月31日）

130. 国土资源部关于严明法纪坚决制止土地违法的紧急通知（2006年6月14日）

131. 土地权属争议调查处理办法（2003年1月3日）

132. 林木林地权属争议处理办法（1996年10月14日）

133. 国土资源部关于查处土地违法行为如何适用《土地管理法》有关问题的通知（1999年4月7日）

134. 国土资源部关于加强土地违法案件查处工作的通知（1999年5月7日）

135. 违反土地管理规定行为处分办法（2008年5月9日）

136. 关于印发《国土资源执法监察错案责任追究制度》的通知（2000年12月29日）

137. 国土资源行政复议规定（2001年7月27日）

138. 国土资源听证规定（2004年1月9日）

139. 国土资源信访规定（2006年1月4日）

140. 关于印发《国土资源违法案件会审制度》等三项制度的通知（2001 年 11 月 23 日）

141. 关于监察机关和国土资源部门在查处土地违法违纪案件中加强协作配合的通知（2005 年 8 月 23 日）

142. 关于进一步加强国土资源执法监察工作的通知（2005 年 10 月 26 日）

143. 关于印发《关于组织开展国土资源领域不正当交易行为自查自纠及依法查处商业贿赂案件的实施意见》的通知（2006 年 5 月 23 日）

144. 关于加强土地权属争议调处工作的通知（2007 年 4 月 19 日）

145. 关于深入推进国土资源领域治理商业贿赂专项工作的意见（2007 年 7 月 6 日）

146. 关于印发《查处国土资源违法案件法律文书格式》（试行）的通知（2007 年 7 月 30 日）

147. 国土资源部关于积极配合整治非法用工打击违法犯罪专项行动有关问题的通知（2007 年 7 月 25 日）

148. 财政部、国土资源部关于落实规范土地收支管理文件等有关问题的通知（2007 年 8 月 22 日）

149. 关于进一步开展查处土地违法违规案件专项行动的通知（2007 年 7 月 7 日）

150. 最高人民法院行政审判庭关于非法取得土地使用权再转让行为的法律适用问题的答复（1998 年 5 月 15 日）

151. 最高人民法院关于土地转让方未按规定完成土地的开发投资即签定土地使用权转让合同的效力问题的答复（2003 年 6 月 9 日）

152. 最高人民法院、国土资源部、建设部关于依法规范人民法院执行和国土资源房地产管理部门协助执行若干问题的通知（2004 年 2 月 10 日）

153. 最高人民法院关于在林木采伐许可证规定的地点以外采伐本单位或者本人所有的森林或者其他林木的行为如何适用法律问题的批复（2004 年 3 月 26 日）

154. 最高人民检察院关于对林业主管部门工作人员在发放林木采伐许可证之外滥用职权玩忽职守致使森林遭受严重破坏的行为适用法律问题的批复（2007 年 5 月 16 日）

155. 最高人民法院关于审理破坏土地资源刑事案件具体应用法律若干问题的解释（2000 年 6 月 19 日）

156. 最高人民法院关于人民法院为建设社会主义新农村提供司法保障的意见（2006 年 8 月 21 日）

附录四 中华人民共和国农村土地承包法

（2002年8月29日第九届全国人民代表大会常务委员会第二十九次会议通过）

第一章 总 则

第一条 为稳定和完善以家庭承包经营为基础、统分结合的双层经营体制，赋予农民长期而有保障的土地使用权，维护农村土地承包当事人的合法权益，促进农业、农村经济发展和农村社会稳定，根据宪法，制定本法。

第二条 本法所称农村土地，是指农民集体所有和国家所有依法由农民集体使用的耕地、林地、草地，以及其他依法用于农业的土地。

第三条 国家实行农村土地承包经营制度。

农村土地承包采取农村集体经济组织内部的家庭承包方式，不宜采取家庭承包方式的荒山、荒沟、荒丘、荒滩等农村土地，可以采取招标、拍卖、公开协商等方式承包。

第四条 国家依法保护农村土地承包关系的长期稳定。

农村土地承包后，土地的所有权性质不变。承包地不得买卖。

第五条 农村集体经济组织成员有权依法承包由本集体经济组织发包的农村土地。

任何组织和个人不得剥夺和非法限制农村集体经济组织成员承包土

地的权利。

第六条　农村土地承包,妇女与男子享有平等的权利。承包中应当保护妇女的合法权益,任何组织和个人不得剥夺、侵害妇女应当享有的土地承包经营权。

第七条　农村土地承包应当坚持公开、公平、公正的原则,正确处理国家、集体、个人三者的利益关系。

第八条　农村土地承包应当遵守法律、法规,保护土地资源的合理开发和可持续利用。未经依法批准不得将承包地用于非农建设。

国家鼓励农民和农村集体经济组织增加对土地的投入,培肥地力,提高农业生产能力。

第九条　国家保护集体土地所有者的合法权益,保护承包方的土地承包经营权,任何组织和个人不得侵犯。

第十条　国家保护承包方依法、自愿、有偿地进行土地承包经营权流转。

第十一条　国务院农业、林业行政主管部门分别依照国务院规定的职责负责全国农村土地承包及承包合同管理的指导。县级以上地方人民政府农业、林业等行政主管部门分别依照各自职责,负责本行政区域内农村土地承包及承包合同管理。乡（镇）人民政府负责本行政区域内农村土地承包及承包合同管理。

第二章　家庭承包

第一节　发包方和承包方的权利和义务

第十二条　农民集体所有的土地依法属于村农民集体所有的,由村集体经济组织或者村民委员会发包;已经分别属于村内两个以上农村集体经济组织的农民集体所有的,由村内各该农村集体经济组织或者村民小组发包。村集体经济组织或者村民委员会发包的,不得改变村内各集体经济组织农民集体所有的土地的所有权。

国家所有依法由农民集体使用的农村土地，由使用该土地的农村集体经济组织、村民委员会或者村民小组发包。

第十三条　发包方享有下列权利：

（一）发包本集体所有的或者国家所有依法由本集体使用的农村土地；

（二）监督承包方依照承包合同约定的用途合理利用和保护土地；

（三）制止承包方损害承包地和农业资源的行为；

（四）法律、行政法规规定的其他权利。

第十四条　发包方承担下列义务：

（一）维护承包方的土地承包经营权，不得非法变更、解除承包合同；

（二）尊重承包方的生产经营自主权，不得干涉承包方依法进行正常的生产经营活动；

（三）依照承包合同约定为承包方提供生产、技术、信息等服务；

（四）执行县、乡（镇）土地利用总体规划，组织本集体经济组织内的农业基础设施建设；

（五）法律、行政法规规定的其他义务。

第十五条　家庭承包的承包方是本集体经济组织的农户。

第十六条　承包方享有下列权利：

（一）依法享有承包地使用、收益和土地承包经营权流转的权利，有权自主组织生产经营和处置产品；

（二）承包地被依法征用、占用的，有权依法获得相应的补偿；

（三）法律、行政法规规定的其他权利。

第十七条　承包方承担下列义务：

（一）维持土地的农业用途，不得用于非农建设；

（二）依法保护和合理利用土地，不得给土地造成永久性损害；

（三）法律、行政法规规定的其他义务。

第二节　承包的原则和程序

第十八条　土地承包应当遵循以下原则：

（一）按照规定统一组织承包时，本集体经济组织成员依法平等地行使承包土地的权利，也可以自愿放弃承包土地的权利；

（二）民主协商，公平合理；

（三）承包方案应当按照本法第十二条的规定，依法经本集体经济组织成员的村民会议三分之二以上成员或者三分之二以上村民代表的同意；

（四）承包程序合法。

第十九条　土地承包应当按照以下程序进行：

（一）本集体经济组织成员的村民会议选举产生承包工作小组；

（二）承包工作小组依照法律、法规的规定拟订并公布承包方案；

（三）依法召开本集体经济组织成员的村民会议，讨论通过承包方案；

（四）公开组织实施承包方案；

（五）签订承包合同。

第三节　承包期限和承包合同

第二十条　耕地的承包期为三十年。草地的承包期为三十年至五十年。林地的承包期为三十年至七十年；特殊林木的林地承包期，经国务院林业行政主管部门批准可以延长。

第二十一条　发包方应当与承包方签订书面承包合同。

承包合同一般包括以下条款：

（一）发包方、承包方的名称，发包方负责人和承包方代表的姓名、住所；

（二）承包土地的名称、坐落、面积、质量等级；

（三）承包期限和起止日期；

（四）承包土地的用途；

（五）发包方和承包方的权利和义务；

（六）违约责任。

第二十二条　承包合同自成立之日起生效。承包方自承包合同生效时取得土地承包经营权。

第二十三条　县级以上地方人民政府应当向承包方颁发土地承包经营权证或者林权证等证书，并登记造册，确认土地承包经营权。

颁发土地承包经营权证或者林权证等证书，除按规定收取证书工本费外，不得收取其他费用。

第二十四条　承包合同生效后，发包方不得因承办人或者负责人的变动而变更或者解除，也不得因集体经济组织的分立或者合并而变更或者解除。

第二十五条　国家机关及其工作人员不得利用职权干涉农村土地承包或者变更、解除承包合同。

第四节　土地承包经营权的保护

第二十六条　承包期内，发包方不得收回承包地。

承包期内，承包方全家迁入小城镇落户的，应当按照承包方的意愿，保留其土地承包经营权或者允许其依法进行土地承包经营权流转。

承包期内，承包方全家迁入设区的市，转为非农业户口的，应当将承包的耕地和草地交回发包方。承包方不交回的，发包方可以收回承包的耕地和草地。

承包期内，承包方交回承包地或者发包方依法收回承包地时，承包方对其在承包地上投入而提高土地生产能力的，有权获得相应的补偿。

第二十七条　承包期内，发包方不得调整承包地。

承包期内，因自然灾害严重毁损承包地等特殊情形对个别农户之间承包的耕地和草地需要适当调整的，必须经本集体经济组织成员的村民会议三分之二以上成员或者三分之二以上村民代表的同意，并报乡（镇）人民政府和县级人民政府农业等行政主管部门批准。承包合同中约定不得调整的，按照其约定。

第二十八条　下列土地应当用于调整承包土地或者承包给新增人口：

（一）集体经济组织依法预留的机动地；

（二）通过依法开垦等方式增加的；

（三）承包方依法、自愿交回的。

第二十九条　承包期内，承包方可以自愿将承包地交回发包方。承包方自愿交回承包地的，应当提前半年以书面形式通知发包方。承包方在承包期内交回承包地的，在承包期内不得再要求承包土地。

第三十条　承包期内，妇女结婚，在新居住地未取得承包地的，发包方不得收回其原承包地；妇女离婚或者丧偶，仍在原居住地生活或者不在原居住地生活但在新居住地未取得承包地的，发包方不得收回其原承包地。

第三十一条　承包人应得的承包收益，依照继承法的规定继承。

林地承包的承包人死亡，其继承人可以在承包期内继续承包。

第五节　土地承包经营权的流转

第三十二条　通过家庭承包取得的土地承包经营权可以依法采取转包、出租、互换、转让或者其他方式流转。

第三十三条　土地承包经营权流转应当遵循以下原则：

（一）平等协商、自愿、有偿，任何组织和个人不得强迫或者阻碍承包方进行土地承包经营权流转；

（二）不得改变土地所有权的性质和土地的农业用途；

（三）流转的期限不得超过承包期的剩余期限；

（四）受让方须有农业经营能力；

（五）在同等条件下，本集体经济组织成员享有优先权。

第三十四条　土地承包经营权流转的主体是承包方。承包方有权依法自主决定土地承包经营权是否流转和流转的方式。

第三十五条　承包期内，发包方不得单方面解除承包合同，不得假借少数服从多数强迫承包方放弃或者变更土地承包经营权，不得以划分“口粮田”和“责任田”等为由收回承包地搞招标承包，不得将承包地收回抵顶欠款。

第三十六条　土地承包经营权流转的转包费、租金、转让费等，应当由当事人双方协商确定。流转的收益归承包方所有，任何组织和个人不得擅自截留、扣缴。

第三十七条　土地承包经营权采取转包、出租、互换、转让或者其他方式流转，当事人双方应当签订书面合同。采取转让方式流转的，应当经发包方同意；采取转包、出租、互换或者其他方式流转的，应当报发包方备案。

土地承包经营权流转合同一般包括以下条款：

（一）双方当事人的姓名、住所；

（二）流转土地的名称、坐落、面积、质量等级；

（三）流转的期限和起止日期；

（四）流转土地的用途；

（五）双方当事人的权利和义务；

（六）流转价款及支付方式；

（七）违约责任。

第三十八条　土地承包经营权采取互换、转让方式流转，当事人要求登记的，应当向县级以上地方人民政府申请登记。未经登记，不得对抗善意第三人。

第三十九条　承包方可以在一定期限内将部分或者全部土地承包经营权转包或者出租给第三方，承包方与发包方的承包关系不变。

承包方将土地交由他人代耕不超过一年的，可以不签订书面合同。

第四十条　承包方之间为方便耕种或者各自需要，可以对属于同一集体经济组织的土地的土地承包经营权进行互换。

第四十一条　承包方有稳定的非农职业或者有稳定的收入来源的，经发包方同意，可以将全部或者部分土地承包经营权转让给其他从事农业生产经营的农户，由该农户同发包方确立新的承包关系，原承包方与发包方在该土地上的承包关系即行终止。

第四十二条　承包方之间为发展农业经济，可以自愿联合将土地承包经营权入股,从事农业合作生产。

第四十三条　承包方对其在承包地上投入而提高土地生产能力的,土地承包经营权依法流转时有权获得相应的补偿。

第三章　其他方式的承包

第四十四条　不宜采取家庭承包方式的荒山、荒沟、荒丘、荒滩等农村土地,通过招标、拍卖、公开协商等方式承包的,适用本章规定。

第四十五条　以其他方式承包农村土地的,应当签订承包合同。当事人的权利和义务、承包期限等,由双方协商确定。以招标、拍卖方式承包的,承包费通过公开竞标、竞价确定;以公开协商等方式承包的,承包费由双方议定。

第四十六条　荒山、荒沟、荒丘、荒滩等可以直接通过招标、拍卖、公开协商等方式实行承包经营,也可以将土地承包经营权折股分给本集体经济组织成员后,再实行承包经营或者股份合作经营。

承包荒山、荒沟、荒丘、荒滩的,应当遵守有关法律、行政法规的规定,防止水土流失,保护生态环境。

第四十七条　以其他方式承包农村土地,在同等条件下,本集体经济组织成员享有优先承包权。

第四十八条　发包方将农村土地发包给本集体经济组织以外的单位或者个人承包,应当事先经本集体经济组织成员的村民会议三分之二以上成员或者三分之二以上村民代表的同意,并报乡(镇)人民政府批准。

由本集体经济组织以外的单位或者个人承包的,应当对承包方的资信情况和经营能力进行审查后,再签订承包合同。

第四十九条　通过招标、拍卖、公开协商等方式承包农村土地,经依法登记取得土地承包经营权证或者林权证等证书的,其土地承包经营权可以依法采取转让、出租、入股、抵押或者其他方式流转。

第五十条　土地承包经营权通过招标、拍卖、公开协商等方式取得的，该承包人死亡，其应得的承包收益，依照继承法的规定继承；在承包期内，其继承人可以继续承包。

第四章　争议的解决和法律责任

第五十一条　因土地承包经营发生纠纷的，双方当事人可以通过协商解决，也可以请求村民委员会、乡（镇）人民政府等调解解决。

当事人不愿协商、调解或者协商、调解不成的，可以向农村土地承包仲裁机构申请仲裁，也可以直接向人民法院起诉。

第五十二条　当事人对农村土地承包仲裁机构的仲裁裁决不服的，可以在收到裁决书之日起三十日内向人民法院起诉。逾期不起诉的，裁决书即发生法律效力。

第五十三条　任何组织和个人侵害承包方的土地承包经营权的，应当承担民事责任。

第五十四条　发包方有下列行为之一的，应当承担停止侵害、返还原物、恢复原状、排除妨害、消除危险、赔偿损失等民事责任：

（一）干涉承包方依法享有的生产经营自主权；

（二）违反本法规定收回、调整承包地；

（三）强迫或者阻碍承包方进行土地承包经营权流转；

（四）假借少数服从多数强迫承包方放弃或者变更土地承包经营权而进行土地承包经营权流转；

（五）以划分“口粮田”和“责任田”等为由收回承包地搞招标承包；

（六）将承包地收回抵顶欠款；

（七）剥夺、侵害妇女依法享有的土地承包经营权；

（八）其他侵害土地承包经营权的行为。

第五十五条　承包合同中违背承包方意愿或者违反法律、行政法规有关不得收回、调整承包地等强制性规定的约定无效。

第五十六条　当事人一方不履行合同义务或者履行义务不符合约定的,应当依照《中华人民共和国合同法》的规定承担违约责任。

第五十七条　任何组织和个人强迫承包方进行土地承包经营权流转的,该流转无效。

第五十八条　任何组织和个人擅自截留、扣缴土地承包经营权流转收益的,应当退还。

第五十九条　违反土地管理法规,非法征用、占用土地或者贪污、挪用土地征用补偿费用,构成犯罪的,依法追究刑事责任;造成他人损害的,应当承担损害赔偿等责任。

第六十条　承包方违法将承包地用于非农建设的,由县级以上地方人民政府有关行政主管部门依法予以处罚。

承包方给承包地造成永久性损害的,发包方有权制止,并有权要求承包方赔偿由此造成的损失。

第六十一条　国家机关及其工作人员有利用职权干涉农村土地承包,变更、解除承包合同,干涉承包方依法享有的生产经营自主权,或者强迫、阻碍承包方进行土地承包经营权流转等侵害土地承包经营权的行为,给承包方造成损失的,应当承担损害赔偿等责任;情节严重的,由上级机关或者所在单位给予直接责任人员行政处分;构成犯罪的,依法追究刑事责任。

第五章　附　则

第六十二条　本法实施前已经按照国家有关农村土地承包的规定承包,包括承包期限长于本法规定的,本法实施后继续有效,不得重新承包土地。未向承包方颁发土地承包经营权证或者林权证等证书的,应当补发证书。

第六十三条　本法实施前已经预留机动地的，机动地面积不得超过本集体经济组织耕地总面积的百分之五。不足百分之五的，不得再增加机动地。

本法实施前未留机动地的，本法实施后不得再留机动地。

第六十四条　各省、自治区、直辖市人民代表大会常务委员会可以根据本法，结合本行政区域的实际情况，制定实施办法。

第六十五条　本法自 2003 年 3 月 1 日起施行。

参考文献

1. Liu Yansui, Liu Yu, “The process and driving forces of rural hollowing in China under rapid urbanization”, *Journal of Geographical Sciences*, Vol.20, Number 6, 2010.

2.S.Popkin, *The Rational Peasant:The Political Economy of Rural Society in Vietnem*, Berkeley: University of California Press, 1979.

3.Clifford Geertz, *Agricultural Involution: The Processes of Ecological Change in Indonesia*. University of California Press, 1963.

4.Hare D, “‘Push’Versus‘Pull, Factors In Migration outflows And Returns: Determinants of Migration Status And Spell Duration Among China’S Rural Population”, *Journal of Development Studies*, 1999, 35(3).

5.Brandtloren, *Commercialization and Agricultural Development in East-Central China, 1870-1937*, Cambridge:Cambridge University Press,1989.

6.Rawski Thomas G.,*Economic Growth in Prewar China*, Berkeley: University of California Press, 1989.

7.Faure David.*The Rural Rconomy of Pre-liberation China*,.Hong Kong: Oxford University Press, 1989.

8.Harris John R.& Todaro, M.P.,“Migration, Unemployment And Development: A Two-Sectors Analysis”, *The Ameriean Economic Review*, 1970, 70(Mareh).

9.Heckman J.J., “Sample selection bias as a specification error”, *Eeonometrica*, 1979, 47(1).

10.Jorgenson D.W., "Surplus Agricultural Labour and The Development of A Dual Economy", *Oxford Economic Papers,* 1967(2).

11.Jorgenson D.W., "The DeveloPment of A Dual Eeonomy", *Eeonomic journal*, 1961, 71(June).

12.John K.& Song, L.N., "Towards A Labor Market In China", *Oxford Review of Eeonomic Policy*, 1996, 11(4).

13.John K.& Song, L.N., "Chinese Peasant Choices: Migration, Rural hidustry or Farming", *Oxford Development Studies*, 2003, 31(2).

14.Nan L.& Bian, Y.J., "Getting Ahead In Urban China", *The American Journal Of Sociology*, 1991, 97(3).

15.Nee V., "The emergence of a market society:changing mechanisms of stratification in china", *American Joumal of Sociology*, 1996, 101.

16.Peter N., "Economic Reform, Poverty And Migration In China", *Eeonomic And Political Weekly*, 1993, 26(June).

17.Ranis G. & Fei, J·C·A, "Theory of Economic Development", *The American Eeonomic Review*, 1961, 51(SePtember).

18.Reddy V. & Findeis J., "Determinants of off-farm labor force Participation: Implications for low income farm families", *North Central Journal of Agricultural Eeonomics*, 1988, 10(l).

19.B. Hindeas, *Political Choice & Structure*, England:Edward Elgar Publishing Ltd, 1989.

20.Xueguang Zhou, "Economic Transformation and Income Inequality in Urban China: Evidence from a Panel Data", *American Journal of Sociology*, vol.105, no.4(Jan.2000).

21.Todaro, M.P., "1969, Amodel of Labor Migration and Urban Unemployment in Less Development Counties", *American Economics Reviews*, 59.

22. Yang Dennis T., "1994, Knowledge Spillovers and Labor Assignments of the Farm Household", University of Chicago, Ph. D. Dissertation.

23. Zhao,Yaohui, "1995, Labor Mobility and Migration and Returns To Education in Rural China", University of Chicago, Ph. D. Dissertation.

24.Michael Lipton, "The Theory of the Optimizing Peasant", *Journal of Development Studies*, 1968, 4.

25.Yoshimi Kuroda and Pan Yotopoulos, "A Microeconomic Analysis of Production Behavior of the Farm Household in Japan: A Profit Function Approach ", *The Economic Review (Japan)*, 1978, 29.

26.H. N. Barnum, L.Squire, "A Model of an Agricultural Household: Theory and Evidence", *World Bank Occasional Paper* No. 27, Washington DC: World Bank.

27.A.Low, *Agricultural Development in Southern Africa: Household-Economics and the Food Crisis*, London: James Curry, 1986.

28.Karl, Polanyi, Arensberg M.Conrad, and Harry W. Pearson, eds, *Trade and Market in the Early Empires: Economics in History and Thoery*, Glencoe, III: Free Press, 1957.

29.Daniel Little, *Understanding peasant China*, Yale Univeraity Press, 1989.

30.E. Lichtenberg,C.G Ding. "Assessing farmland protection policy in China", *Land Use Policy*, 2008, 25(1).

31.《马克思恩格斯文集》,人民出版社 2009 年版。

32.《毛泽东选集》第一卷,人民出版社 1991 年版。

33.《邓小平文选》第三卷,人民出版社 1993 年版。

34.《十四大以来重要文献选编》(下),人民出版社 1999 年版。

35.《十五大以来重要文献选编》(上),人民出版社 2000 年版。

36. 洪名勇:《论马克思的土地产权理论》,《经济学家》1998 年第 1 期。

37. 邵彦敏:《马克思土地产权理论的逻辑内涵及当代价值》,《马克思主义与现实》2006 年第 3 期。

38. 徐勇等:《中国农村与农民问题前沿研究》,经济科学出版社 2009 年版。

39. 郑兴明:《中国城镇化进程中农民退出机制研究》,人民出版社 2012 年版。

40. 刘传江:《中国农民工市民化进程研究》,人民出版社 2008 年版。

41. 蔡昉:《劳动力迁移的两个过程及其制度障碍》,《社会学研究》2001 年第 4 期。

42. 周其仁:《产权与制度变迁——中国改革的经验研究》,社会科学文献出版社 2002 年版。

43. 周其仁:《农民、市场与制度创新——包产到户后农村发展面临的深层改革》,社会科学文献出版社 2002 年版。

44. 周其仁:《还权赋能——成都土地制度改革探索的调查研究》,《国际经济评论》2010 年第 2 期。

45. 贺雪峰:《论土地资源与土地价值——当前土地制度改革的几个重大问题》,《国家行政学院学报》2015 年第 3 期。

46. 贺雪峰:《城市化进程中土地流转与公平高效的策略选择—基于农村人口城市化的驱动困局》,《上海城市管理》2015 年第 1 期。

47. 贺雪峰:《澄清土地流转与农业经营主体的几个认识误区》,《探索与争鸣》2014 年第 2 期。

48. 党国英:《论农村集体产权》,《中国农村观察》1998 年第 4 期。

49. 顾钰民:《建国 60 年农村土地制度四次变革的产权分析》,《当代世界与社会主义》2009 年第 4 期。

50. 罗必良:《产权强度与农民的土地权益:一个引论》,《华中农业大学学报》(社会科学版)2013 年第 5 期。

51. 罗必良:《农地产权模糊化:一个概念性框架及其解释》,《学术研究》2011 年第 12 期。

52. 陈明:《农地产权制度创新与农民土地财产权利保护》,湖北人民出版社 2006 年版。

53. 严正:《中国城市发展问题报告》,中国发展出版社 2004 年版。

54. 陆学艺:《坚持市场取向改变"城乡分治一国两策"格局》,《中国经济快讯》2002 年第 29 期。

55. [美] 德姆塞茨:《关于产权的理论》,刘守英等编译《财产权利与制度变迁》,上海三联书店 1991 年版,第 98 页。

56. 黄宗智:《长江三角洲小农家庭与乡村发展》,中华书局 2000 年版。

57. [美]杜赞奇:《文化、权力与国家:1900—1942 年的华北农村》,王福明译,江苏人民出版社 1996 年版。

58. 刘传江、董延芳:《和谐社会建设视角下的农民工市民化》,《江西财经大学学报》2007 年第 3 期。

59. 刘芬华:《究竟是什么因素阻碍了中国农地流转》,《经济社会体制比较》2011 年第 2 期。

60. 耿现江:《一场农业革命的开始——纪念潍坊市率先组织实施农业产业化战略 10 周年》,《中国农村经济》2003 年第 12 期。

61. [美]格尔哈斯·伦斯基:《权力与特权:社会分层的理论》,关信平等译,浙江人民出版社 1988 年版。

62. "中国城镇劳动力流动"课题组:《中国劳动力市场建设与劳动力流动》,《管理世界》2002 年第 3 期。

63. [法]H. 孟德拉斯:《农民的终结》,李陪林译,社会科学文献出版社 2005 年版。

64. 白南生、宋洪远:《回乡,还是进城?——中国农村外出劳动力回流研究》,中国财政经济出版社 2002 年版。

65. 蔡昉、都阳、王美艳:《户籍制度与劳动力市场保护》,《经济研究》2001 年第 12 期。

66. 蔡昉、都阳、王美艳:《劳动力流动的政治经济学》,上海人民出版社 2003 年版。

67. 蔡昉:《2001 年中国人口问题报告——教育、健康与经济增长》,社会科学文献出版社 2001 年版。

68. 陈金永:《中国户籍制度改革和城乡人口迁移》,社会科学文献出版社 2006 年版。

69. 胡鞍钢:《非正规部门和非正规就业:特点、障碍及对策》,劳动和社会保障部 2000 年非正规部门就业研讨会论文。

70. 胡鞍钢:《解决农民工问题是中国农民的第三次解放》,《外滩画报》2005 年第 3 期。

71. [美] 霍利斯·钱纳里等著、李新华等译:《发展的型式:1950—1970》,经济科学出版社 1988 年版。

72. 姜开圣:《农业产业化龙头企业的发展壮大及其对农民收入的影响》,《农业经济问题》2003 年第 3 期。

73. 钟涨宝、聂建亮:《建立健全农村土地承包经营权退出机制初探》,《理论与改革》2010 年 5 期。

74. 王小章:《从“生存”到“承认”:公民权视野下的农民工问题》,《社会学研究》2009 年第 1 期。

75. 樊纲:《“十二五”规划与城市化大趋势》,《开放导报》2010 年第 6 期。

76. 韩俊、马晓河、李兵弟:《城镇化难题:农民如何变市民》,《光明日报》2010 年 10 月 17 日。

77. 吕天强:《建立农村土地退出机制促使务工农民市民化》,《南阳师范学院学报》2004 年第 10 期。

78. 曾祥炎、王学先、唐长久:《“土地换保障”与农民工市民化》,《晋阳学刊》2005 年第 6 期。

79. 付文亮、胡磊、周茜:《农民市民化过程中土地制度的创新研究》,《重庆工学院学报》(社会科学版)2007 年第 10 期。

80. 黄锟:《农村土地制度对新生代农民工市民化的影响与制度创新》,《农业现代化研究》2011 年第 2 期。

81. 汪阳红:《“十二五”时期农民工市民化进程中的土地问题研究》,《经济研究参考》2011 年第 34 期。

82. 钟德友、陈银容:《破解农民工市民化障碍的制度创新——以重庆为例证的分析》,《农村经济》2012 年第 1 期。

83. 贾俊民:《全面转型中的中国当代农民》,新华出版社 1998 年版。

84. 吉尔伯特·罗兹曼:《中国的现代化》,江苏人民出版社 1995 年版。

85. 孔祥智:《聚焦“三农”》(上、中、下卷),中央编译出版社 2004 年版。

86. 孔祥智:《中国三农前景报告》,中国时代经济出版社 2005 年版。

87. [美] 刘易斯·科塞:《社会冲突的功能》,孙立平译,华夏出版社 1989 年版。

88. 李培林:《农民工——中国进城农民工的经济社会分析》,社会科学文献出版社 2003 年版。

89. 李拓:《和谐与冲突——改革开放以来中国阶级阶层结构问题研究》,中国财政经济出版社 2002 年版。

90. 刘洪仁:《农业产业化政策实施探析》,《理论视野》2005 年第 5 期。

91. 刘初旺:《土地经营权流转与农业产业化经营》,《农业经济问题》2003 年第 12 期。

92. 卢海元:《农村社保制度:中国城镇化的瓶颈》,《经济学家》2002 年第 3 期。

93. 刘晏玲:《当前我国农业劳动力流动中的社会问题及其对策》,《社会学研究》1994 年第 2 期。

94. 李景鹏:《当代中国社会利益结构的变化政治发展》,《天津社会科学》1994 年第 3 期。

95. 姚洋:《中国农地制度:一个分析框架》,《中国社会科学》2000 年第 2 期。

96. 姚洋:《关于农村土地制度立法的几点看法》,《中国经济论坛》2001 年第 1 期。

97. 姚洋:《集体决策下的诱致性制度变迁——中国农村地权稳定性演化的实证分析》,《中国农村观察》2002 年第 2 期。

98. 陆学艺:《当代中国社会阶层研究报告》,社会科学文献出版社 2002 年版。

99. 陆学艺:《“三农论”——当代中国农业、农村、农民研究》,社会科学出版社 2004 年版。

100. 陆学艺:《改革中的农村与农民》,中央党校出版社 1992 年版。

101. 陈利根、陈会广:《土地征用制度改革与创新——一个经济学分析框架》,《中国农村观察》2003 年第 6 期。

102. 陈怀远:《论新时期社会整合三大力量的调配》,《江汉论坛》2001 年第 2 期。

103. 张红宇:《中国农地调整与使用权流转》,《管理世界》2002年第5期。

104. 李强:《转型时期的中国社会分层结构》,黑龙江人民出版社 2002 年版。

105. 李路路、王奋宇:《当代中国现代化进程中的社会结构及其变迁》,浙江人民出版社 1992 年版。

106. [美]刘易斯·科塞:《社会学思想名家》,石人译,中国社会科学出版社 1990 年版。

107. 周晓唯:《土地流转对农民市民化促进作用的研究》,《首都经济贸易大学学报》2011 年第 2 期。

108. 李金:《领域分化与中国的社会运行》,《天津社会科学》1995 年第 4 期。

109. [美]李普塞特:《一致与冲突》,张华青等译,上海人民出版社 1995 年版。

110. 林毅夫:《有关当前农村政策的几点意见》,《农业经济问题》2003 年第 6 期。

111. 刘欣:《相对剥夺地位与阶层认知》,《社会学研究》2002 年第 1 期。

112. 刘豪兴:《农村社会学》,中国人民大学出版社 2004 年版。

113. 李元书、薛立强:《当代中国社会主导阶层的变化和发展》,《理论探讨》2005 年第 4 期。

114. 朱巧玲、卢现祥:《非市场化制度安排、制度租金与制度成本》,《财贸经济》2003 年第 1 期。

115. 卢福营、徐勇:《论中国农村居民分化》,《上海社科院学术季刊》1995 年第 3 期。

116. 牛若峰:《中国的“三农”问题回顾与展望》,中国社会科学出版社 2004 年版。

117. 秦晖:《农民流动与经济要素配置优化》,《改革》1996 年第 3 期。

118. 秦富、王秀清等:《国外农业支持政策》,中国农业出版社 2003 年版。

119. 邱振崑:《Excel 在经济统计中的应用》,中国青年出版社 2002 年版。

120. 渠桂萍:《乡村民众视野中的社会分层——以 20 世纪 20 年代至 40 年代初华北乡村为例》,《中国社会科学文摘》2005 年第 2 期。

121. 饶会林:《城市经济学》,东北财经大学出版社 1999 年版。

122. 蔡华:《土地权力、法律秩序和社会变迁——家庭承包责任制的法律视角分析》,《战略与管理》2000 年第 1 期。

123. [美] R. 科斯、A. 阿尔钦等:《财产权利与制度变迁——产权学派与新制度学派译文集》,刘守英等译,上海人民出版社 2000 年版。

124.[美] 塞缪尔·P. 亨廷顿:《变迁社会中的政治秩序》,王冠华等译,三联书店 1989 年版。

125. [英] 艾伦·斯温杰伍德:《社会学思想简史》,陈玮等译,社会科学文献出版社 1988 年版。

126. 斯梅尔塞:《变迁的机制与适应变迁的机制》,《国外社会学》1993 年第 2 期。

127. 宋林飞:《“民工潮”的形成、趋势与对策》,《中国社会科学》1995 年第 4 期。

128. 孙立平:《改革以来中国社会结构的变迁》,《中国社会科学》1994 年第 2 期。

129. 李景鹏:《当代中国社会利益结构的变化政治发展》,《天津社会科学》1994 年第 3 期。

130. 聂盛:《我国农民的“退出”与“呼吁”机制分析——透视农民问题的新视角》,《湖北社会科学》2005 年第 2 期。

131. 吕亚荣:《新农村建设的重点是建立起农村公共产品供给的长效机制》,《求实》2007 年第 7 期。

132. 赵亮、赵德金、辛广海:《财政分权下地方政府三大“支出偏好”与经济绩效研究》,《中央财经大学学报》2011 年第 2 期。

133. 姜作培:《从战略高度认识农民市民化》,《现代经济探讨》2002年第12期。

134. 姜作培:《城市化进程中农民市民化推进方略构想》,《深圳大学学报》(人文社会科学版)2003年第2期。

135. 刘源、潘素昆:《社会资本因素对失地农民市民化的影响分析》,《经济经纬》2007年第5期。

136. 路小昆等:《徘徊在城市边缘:城郊农民市民化问题研究》,四川人民出版社2009年版。

137. 郑杭生:《农民市民化:当代中国社会学的重要研究主题》,《甘肃社会科学》2005年第4期。

138. 王正中:《以市民化推进农民的现代化》,《马克思主义与现实》2006年第6期。

139. 陈映芳:《征地农民的市民化——上海市的调查》,《华东师范大学学报》(哲学社会科学版)2003年第3期。

140. 文军:《农民市民化:从农民到市民的角色转型》,《华东师范大学学报》(哲学社会科学版)2004年第3期。

141. 吴业苗:《居村农民市民化:何以可能?——基于城乡一体化进路的理论与实证分析》,《社会科学》2010年第7期。

142. 文军:《论农民市民化的动因及其支持系统——以上海市郊区为例》,《华东师范大学学报》(哲学社会科学版)2006年第4期。

143. 田珍:《农民群体分化与农民工市民化》,《宁夏社会科学》2009年第5期。

144. 杨东:《城市化进程中农民市民化问题研究》,《理论探索》2003年第6期。

145. 郑兴明:《农地金融:何以可能与何以可为——基于农地流转的思考》,《理论探索》2009年第6期。

146. 郑兴明:《农村土地流转中农民利益补偿机制的构建》,《华中农业大学学报》(社会科学版)2009年第6期。

147. 郑兴明、吴锦程:《基于风险厌恶的农户弃耕撂荒行为及其影响因素分析——以福建省农户调查为例》,《东南学术》2013 年第 1 期。

148. 许树辉:《农村住宅空心化形成机制及其调控研究》,《国土与自然资源研究》2004 年第 1 期。

149. 薛力:《城市化背景下的“空心村”现象及其对策探讨——以江苏省为例》,《城市规划》2001 年第 6 期。

150. 秦晖:《“恰亚诺夫主义”:成就与质疑——评 A. B. 恰亚诺夫〈农民经济组织〉》,《马克思主义研究论丛》第五辑,中央编译出版社 2006 年版。

151. [美] 西奥多·W·舒尔茨:《改造传统农业》,梁小民译,商务印书馆 1999 年版。

152. 郑杭生、汪雁:《农户经济理论再议》,《学海研究》2005 年第 3 期。

153. 周小刚、陈东有、刘顺百:《农民市民化问题研究综述》,《经济纵横》2009 年第 9 期。

154. 王学斌:《农村土地抛荒现象与中国的粮食安全问题》,《世界经济情况》2007 年第 3 期。

155. 马国忠:《土地承包的稳定性和土地抛荒的现实性》,《农村经济》2008 年第 7 期。

156. 钟涨宝、聂建亮:《论农地适度规模经营的实现》,《农村经济》2010 年第 5 期。

157. [英] 安东尼·吉登斯:《现代性的后果》,田禾译,译林出版社 2011 年版。

158. 白建宜:《促进我国农村剩余劳动力转移的思考》,《理论与改革》2004 年第 3 期。

159. 刘金海、宁玲玲:《土地承包经营权:农民的财产权利》,《经济体制改革》2003 年第 6 期。

160. 刘守英:《按照依法、自愿、有偿的原则进行土地承包经营权流转》,《求是》2003 年第 5 期。

161. 中国农民工战略问题研究课题组:《中国农民工现状及其发展趋

势总报告》,《改革》2009 年第 2 期。

162. 张祝平:《新生代农民工的生存状态、社会认同与社会融入:浙江两市调查》,《重庆社会科学》2010 年第 2 期。

163. 毕宝德主编:《土地经济学》,中国人民大学出版社 2001 年版。

164. 王小映:《土地股份合作制的经济分析》,《中国农村观察》2003 年第 6 期。

165. 王春光:《对中国农村流动人口“半城市化”的实证分析》,《学习与探索》2009 年第 5 期。

166. 张元庆:《我国征地补偿制度变迁的路径依赖与路径创新研究(1949—2013)》,辽宁大学 2014 年博士学位论文。

167. 李珂、柳娥:《城镇化进程亟须农民工实现城市融入》,《理论前沿》2009 年第 23 期。

168. 吴兴陆:《农民工迁移决策的社会文化影响因素探析》,《中国农村经济》2005 年第 1 期。

169. 林哲、柯迪:《深化农村土地制度改革:动因、制约因素及对策研究》,《上海经济研究》2006 年第 3 期。

170. 孙立平:《农民工如何融入城市》,《发展论坛》2007 年第 5 期。

171. 李强、孟蕾:《“边缘化”与社会公正》,《天津社会科学》2011 年第 1 期。

172. 王小章:《从“生存”到“承认”:公民权视野下的农民工问题》,《社会学研究》2009 年第 1 期。

173. 冯振东:《关于我国农民市民化政策性壁垒问题思考》,《延安大学学报》2007 年第 2 期。

174. 张文宏、雷开春:《城市新移民社会融合的结构、现状与影响因素分析》,《社会学研究》2008 年第 5 期。

175. 胡艳辉:《论文化排斥情境中农民工市民化困境》,《湖湘论坛》2009 年第 1 期。

176. 吴玉军、宁克平:《城市化进程中农民工的城市认同困境》,《浙江社会科学》2007 年第 7 期。

177. 张国胜:《农民工市民化的城市融入机制研究》,《江西财经大学学报》2007 年第 2 期。

178. 胡放之、秦丽娟:《农民工融入城市的困境——基于制度排斥与工资歧视的分析》,《湖北社会科学》2008 年第 12 期。

179. 陆林:《融入与排斥的两难:农民工入城的困境分析》,《西南大学学报》2007 年第 11 期。

180. 杨轩、陈俊峰:《近年来农民工城镇融入研究述评》,《中国名城》2011 年第 10 期。

181. 江立华、胡杰成:《社会排斥与农民工地位的边缘化》,《华中科技大学学报》(社会科学版)2006 年第 6 期。

182. 朱农:《中国劳动力流动与“三农”问题》,武汉大学出版社 2005 年版。

183. 叶剑平等:《中国农村土地产权制度研究》,中国农业出版社 2000 年版。

184. 林善浪:《中国农村土地制度与效率研究》,经济科学出版社 1999 年版。

185. 李佐军:《劳动力转移的就业条件和制度条件》,中国社会科学院 2003 博士学位论文。

186. 程名望:《中国农村劳动力转移:机理、动因及障碍》,上海交通大学 2007 博士学位论文。

187. 程名望、史清华、赵永柯:《我国农村劳动力转移的研究现状:一个文献综述》,《广西经济管理干部学院学报》2007 年第 1 期。

188. 徐明华:《关于湖南农村土地流转的调查与思考》,《新湘评论》2009 年第 1 期。

189. 杨建光:《构建农地金融制度的思考——统筹城乡发展的另一视角》,《天府新论》2009 年第 3 期。

190. 黄宗智:《中国农村的过密化与现代化:规范认识危机及出路》,

上海社会科学出版社 1992 年版。

191. 朱信凯:《农民市民化的国际经验及对我国农民工问题的启示》,《中国软科学》2005 年第 1 期。

192. 王春光:《新生代农民工的社会认同与城乡融合之间的关系》,《社会学研究》2001 年第 3 期。

193. 王奋宇、赵延东:《流动民工的经济地位获得及决定因素》,社会科学文献出版社 2003 年版。

194. 王汉生、刘世定、孙立平:《"浙江村":中国农民进入城市的一种独待方式》,《社会学研究》1997 年第 1 期。

195. 王毅杰、童星:《流动农民社会支持网探析》,《社会学研究》2004 年第 2 期。

196. 姚婷、傅晨:《农村土地制度改革与农民工市民化——兼论广东农村集体建设用地流转立法的积极意义》,《广东农业科学》2013 年第 8 期。

197. 傅晨、任辉:《农业转移人口市民化背景下农村土地制度创新的机理:一个分析框架》,《经济学家》2014 年第 3 期。

198. [美]杰弗里·伍德里奇.《计量经济学导论:现代观点》,中国人民大学出版社 2003 年版。

199. 林卿:《农地制度与农业可持续发展》,中国环境科学出版社 2000 年版。

200. 刘洪仁:《转型期农民分化问题的实证研究》,《中国农村观察》2005 年第 4 期。

201. 杨云彦、陈金永:《转型劳动力市场的分层与竞争——结合武汉的实证分析》,《中国社会科学》2000 年第 5 期。

202. 俞萍:《市场经济中市民职业流动与阶层分化重组的特征》,《社会科学研究》2002 年第 6 期。

203. 杜润生:《中国农村制度变迁》,四川人民出版社 2003 年版。

204. 张林秀、霍艾米、罗斯高等:《经济波动中农户劳动力供给行为研究》,《农业经济问题》2000 年第 5 期。

205. 钱忠好:《中国农村土地制度变迁和创新研究》,中国农业出版社1999年版。

206. 张文彤:《SPSS统计分析高级教程》,高等教育出版社2004年版。

207. 张小建、周其仁:《中国农村劳动力就业与流动研究报告》,中国劳动出版社1999年版。

208. 张佑林:《二元经济结构下的农村剩余劳动力流动探析》,《农业经济问题》2004年第12期。

209. 赵延东、王奋宇:《城乡流动人口的经济地位获得及决定因素》,《中国人口科学》2002年第4期。

210. 丁关良:《农村土地承包经营权初论》,中国农业出版社2002年版。

211. 罗必良:《新制度经济学》,山西经济出版社2005年版。

212. 葛晓巍:《市场化进程中农民职业分化及市民化研究》,浙江大学2007年博士论文。

213. 武力,郑有贵主编:《解决"三农"问题之路——中国共产党"三农"思想政策史》,中国经济出版社2004年版。

214. 朱又红:《我国农村社会变迁与农村社会学研究述评》,《社会学研究》1997年第6期。

215. 邹农俭:《论农民的非农民化》,《社会科学战线》2002年第1期。

216. 谭术魁:《农民为何撂荒耕地》,《中国土地科学》2001年第5期。

217. 郝鼎玖、许大文:《农村土地抛荒问题的调查与分析》,《农业经济问题》2000年第12期。

218. 张斌:《我国农村抛荒耕地问题探讨》,《农业现代化研究》2001年第6期。

219. 杨涛、朱博文、雷海章等:《对农村耕地抛荒现象的透视》,《中国人口资源与环境》2002年第2期。

220. 谭术魁:《耕地撂荒程度描述、可持续性评判指标体系及其模式》,《中国土地科学》2003第6期。

221. 冯艳芬、董玉祥、王芳:《大城市郊区农户弃耕行为及影响因素分析》,《自然资源学报》2010 年第 5 期。

222. 徐莉:《我国农地撂荒的经济学分析》,《经济问题探索》2010 年第 8 期。

223. 杨涛、王雅鹏:《农村耕地撂荒与土地流转问题的理论探析》,《调研世界》2003 年第 2 期。

224. 王为民、李相敏:《农村社会保障缺失下的土地撂荒问题研究》,《山东社会科学》2008 年第 4 期。

225. 刘润秋、宋艳艳:《农地抛荒的深层次原因探析》,《农村经济》2006 年第 1 期。

226. 曹志宏、郝晋珉、梁流涛:《农户耕地撂荒行为经济分析与策略研究》,《农业技术经济》2008 年第 3 期。

227. 赵振华:《当前中国农民工收入分析》,《党政干部学刊》2009 年第 5 期。

228. 刘克春:《农户农地使用权流转决策行为研究》,中国农业出版社 2007 年版。

229. 高云峰:《农业产业化发展中的金融约束与金融支持》,《农业经济问题》2003 年第 8 期。

230. 韦俊虹:《对农村股份合作制的多维思考》,《农村经济》2006 年第 4 期。

231. 赵化楠:《完善我国现行农村土地流转:政策建议》,《现代商业》2009 年第 6 期。

232. 邹新树:《中国城市农民工问题》,群言出版社 2007 年版。

233. [英]威廉·配第:《赋税论》,马妍译,商务印书馆 1978 年版。

234. 韦伟:《城乡二元就业体制转换的制度分析》,《中国经济问题》2005 年第 3 期。

235. 吴敬琏:《农村剩余劳动力转移与“三农”问题》,《宏观经济研究》2006 年第 6 期。

236. 王作峰:《小城镇建设与农村耕地保护对策》,《农村经济》2006

年第4期。

237. 危丽、杨先斌:《农村劳动力转移的博弈分析》,《经济问题》2005年第9期。

238. 朱农:《论收入差距对中国乡城迁移决策的影响》,《人口与经济》2002年第5期。

239. 陈书卿、刁承泰、常丹青:《统筹城乡发展视角下的重庆市土地资源承载力及农民市民化研究》,《农业现代化研究》2009年第5期。

240. 朱新方:《如何防范土地承包经营权流转过程中可能出现的问题》,《中国党政干部论坛》2009年第1期。

241. 曾国平、曹跃群:《改革开放以来中国第三产业经济增长与扩大就业的实证研究》,《华东经济管理》2005年第2期。

242. 蒲艳萍、蒲勇健:《三次产业与中国就业:增长趋势及国际比较》,《生产力研究》2005年第6期。

243. 胡风:《中国农村劳动力转移的研究:一个文献综述》,《浙江社会科学》2007年第1期。

244. 李瑶鹤、胡伟艳:《1978年以来我国农村土地管理制度演变特征——土地和劳动力结合视角》,《农业经济》2014年第9期。

245. 王春超:《中国农户就业决策与劳动力流动》,人民出版社2010年版。

246. 石莹、赵昊鲁:《从马克思主义土地所有权分离理论看中国农村土地产权之争——对土地"公有"还是"私有"的经济史分析》,《经济评论》2007年第2期。

247. 窦祥铭:《基于产权视角的中国农村土地制度创新模式探讨》,《理论探讨》2013年第1期。

248. 刘晓丽、戴文浪:《城市化进程中农民迁移意愿影响因素研究——基于广东298位农民的实证分析》,《广东农业科学》2011年第1期。

249. 何立祥、彭美玉:《论中国农村土地制度改革的路径依赖性》,《云南财经大学学报》2010年第3期。

250. 陈会广、单丁洁:《农民职业分化、收入分化与农村土地制度选择——来自苏鲁辽津四省市的实地调查》,《经济学家》2010 年第 4 期。

251. 李红娟:《论我国农村土地权力冲突及对策——以农村土地发展权为视角》,《西北农林科技大学学报》(社会科学版)2014 年第 3 期。

252. 申红卫:《现阶段我国农村土地制度创新研究》,《青海社会科学》2012 年第 5 期。

253. 何立胜:《我国城乡二元土地产权特性与农民土地权益的制度保障》,《贵州社会科学》2011 年第 10 期。

254. 肖新喜:《我国农地管理制度的修改理念与规范配置》,《西北农林科技大学学报》(社会科学版)2014 年第 3 期。

255. 武立永:《中国农村土地流转权制度的效率与正义问题研究》,《兰州学刊》2014 年第 8 期。

256. 孙涛、黄少安:《制度变迁的路径依赖、状态和结构依存特征研究——以改革开放以来中国农村土地制度变迁为例》,《广东社会科学》2009 年第 2 期。

257. 关锐捷、孙军:《深化农村土地制度改革绕不过去的若干基础问题》,《毛泽东邓小平理论研究》2014 年第 1 期。

258. 罗静、曾菊新:《新农村建设中的农村土地利用矛盾与改革策略》,《社会主义研究》2007 年第 4 期。

259. 谯薇、云霞、宋金兰:《农业转移人口市民化的国际经验与我国的政策选择》,《农村经济》2014 年第 12 期。

260. 周彦珍、李杨:《英国、法国、德国城镇化发展模式》,《世界农业》2013 年第 12 期。

261. 王艺、刘民培:《发达国家农村土地流转经验及对中国的借鉴》,《中国市场》2015 年第 29 期。

262. 张海峰、齐巍巍:《"日韩台模式"农地流转的内在逻辑及启示》,《农村金融研究》2010 年第 12 期。

263. 相蒙、于毅:《美国农地利用规划中农地发展权国家购买制度述评》,《世界农业》2012 年第 2 期。

264. 洪闫华、何洪涛:《英国农业现代化进程中土地流转的公共决策》,《社会科学家》2012 年第 4 期。

265. 邓晰隆:《三权分离:我国农村土地产权制度改革的新构想》,《中国农业资源与区划》2009 年第 4 期。

266. 简新华、黄锟:《中国工业化和城市化过程中的农民工问题研究》,人民出版社 2008 年版。

267. 王竹林:《城市化进程中农民工市民化研究》,中国社会科学出版社 2009 年版。

268. 华生:《破解土地财政,变征地为分地——东亚地区城市化用地制度的启示》,《国家行政学院学报》2015 年第 3 期。

269. 华生:《土地制度改革的实质分歧》,《华夏时报》2014 年 9 月 22 日。

270. 华生:《土地财政为何进退维谷》,《国土资源导刊》2014 年第 6 期。

271. 潘俊:《农村土地承包权和经营权分离的实现路径》,《南京农业大学学报》(社会科学版)2015 年第 4 期。

272. 宋才发、李文平:《我国农村土地整治中的法律问题》,《中南民族大学学报》(人文社会科学版)2015 年第 4 期。

273. 王利蕊:《完善农村土地增值收益分配机制的路径》,《农业经济》2015 年第 7 期。

274. 刘颖、唐麦:《中国农村土地产权"三权分置"法律问题研究》,《世界农业》2015 年第 7 期。

275. 刘拥华:《行为选择、博弈地位与制度变迁》,《吉林大学社会科学学报》2015 年第 1 期。

276. 王廷勇、杨遂全:《农村土地承包权有限继承制度研究——兼论法国农用地继承的借鉴意义》,《求实》2015 年第 8 期。

277. 周跃辉:《加快建立农村土地增值收益分配长效机制》,《中国经济时报》2015 年 8 月 11 日。

278. 杨宏力:《农村土地收益分配制度的经济学分析》,《山东社会科学》2015 年第 7 期。

后　记

本著作的完成得到国家教育部人文社会科学规划基金项目的资助，同时也得到福建省社会科学研究基地马克思主义中国化研究中心的大力支持。虽然研究还存在较大的拓展空间，有些具体问题还有待进一步深化，但总算是顺利完成了项目约定的研究任务，达到了预期目的。本书聚焦于城镇化与农民市民化协同发展下农村土地管理制度问题。激发我研究该课题的动因，是基于其重要的学术价值和现实意义。

中国的城镇化质量不高一直为国人所诟病，“伪城镇化”或“半城镇化”现象突出。众多研究都指向了一个结论：现行土地制度强化了具有“中国特色”的劳动力转移路径，使得乡村城镇化与农民市民化渐行渐远。尽管学术界对此展开了富有成效的研究，但迄今为止尚未形成一种最优的有利于农民市民化的农地制度改革路径共识，而坊间也为此争论不休。鉴于此，本书以尊重农民地权为切入点，从理论与实践、宏观与微观等多个维度对农村土地管理制度优化问题进行深入探讨。

当然，本书撰写的目的并非为尝试寻找一种最优的制度优化路径，而仅仅是提出一条尽可能接近经济实际的农地制度变迁线索，以期为推进农民市民化发展提供可资借鉴的参考。伴随着书稿的提交，难免有种如释重负的感觉，更让我对那些研究中帮助过我的人充满感激！真诚地感谢他们对我的关心、帮助与支持！

非常感谢本课题组成员。从项目选题构想到课题设计论证，从调查问卷的设计到研究报告的撰写，都离不开他们的支持与参与。正是在全体课题组成员的共同努力下，我们的课题研究才得以顺利开展，并取得预期效果。

本书研究能顺利完成还有赖于工作单位领导、同事的支持和鼓励。在此我特别感谢福建农林大学马克思主义学院党委书记阮晓菁、院长刘新玲和副院长李宝艳给予的大力支持。在本书的撰写过程中，我的学生庞璐、曾宪禄协助了资料的收集、整理工作，对此也一并表示谢意。

最后，我也衷心感谢我的妻子林清英和爱子郑方给予了大力支持。妻子为了不影响我的课题研究，默默承担了几乎所有家务。而我忙于调研与撰写本书，几乎没有好好辅导过儿子的学习。在此，我深感内疚，同时，也为他们的理解与支持表示由衷的感激。

郑兴明
2015 年 9 月于福州金山

责任编辑:詹素娟
封面设计:彭世兴

图书在版编目(CIP)数据

农村土地管理制度优化研究:以城镇化与农民市民化的协同发展为视角/郑兴明 著. -北京:人民出版社,2015.10
ISBN 978-7-01-015354-4

Ⅰ.①农… Ⅱ.①郑… Ⅲ.①农村-土地制度-研究-中国 Ⅳ.①F321.1

中国版本图书馆 CIP 数据核字(2015)第 238099 号

农村土地管理制度优化研究
NONGCUN TUDI GUANLI ZHIDU YOUHUA YANJIU
——以城镇化与农民市民化的协同发展为视角

郑兴明 著

人民出版社 出版发行
(100706 北京市东城区隆福寺街 99 号)

北京市文林印务有限公司印刷 新华书店经销

2015 年 10 月第 1 版 2015 年 10 月北京第 1 次印刷
开本:710 毫米×1000 毫米 1/16 印张:14.75
字数:230 千字

ISBN 978-7-01-015354-4 定价:42.00 元

邮购地址 100706 北京市东城区隆福寺街 99 号
人民东方图书销售中心 电话 (010)65250042 65289539